O PROPÓSITO DA MISSÃO

CIP-BRASIL. CATALOGAÇÃO NA PUBLICAÇÃO
SINDICATO NACIONAL DOS EDITORES DE LIVROS, RJ

S676p   Somariva, Adir João
        Propósito da missão : os fundamentos na organização das entidades sob uma visão contábil / Adir João Somariva. – 1. ed. – Porto Alegre [RS] : AGE, 2019.
        157 p. ; 16x23 cm.

        ISBN 978-85-8343-464-1

        1. Contabilidade. 2. Empresas – Contabilidade. 3. Empresas – Finanças. I. Título.

19-60044   CDD: 658.151
                          CDU: 657.05

Leandra Felix da Cruz – Bibliotecária – CRB-7/6135

ADIR JOÃO SOMARIVA

PROPÓSITO DA MISSÃO

Os fundamentos na organização das entidades sob uma visão contábil

PORTO ALEGRE, 2019

© Adir João Somariva, 2019

Capa:
NATHALIA REAL

Diagramação:
JÚLIA SEIXAS
NATHALIA REAL

Reconhecimento sob o aspecto jurídico:
JOSÉ DE OLIVEIRA, OAB-SC 10.790 (CONSULTOR JURÍDICO)

Revisão gramatical:
PAULO FLÁVIO LEDUR

Editoração eletrônica:
LEDUR SERVIÇOS EDITORIAIS LTDA.

Reservados todos os direitos de publicação à
LEDUR SERVIÇOS EDITORIAIS LTDA.
editoraage@editoraage.com.br
Rua Valparaíso, 285 – Bairro Jardim Botânico
90690-300 – Porto Alegre, RS, Brasil
Fone/Fax: (51) 3061-9385 – (51) 3223-9385
vendas@editoraage.com.br
www.editoraage.com.br

Impresso no Brasil / Printed in Brazil

Em memória do meu pai,
Guerino Manoel Somariva.

SUMÁRIO

Prefácio: Como, por que e para quem este livro foi escrito? 11

PARTE UM
QUANTO AOS FUNDAMENTOS DA ENTIDADE JURÍDICA

1 Entidade jurídica e sua natureza 15
2 A razão da existência de uma entidade jurídica 19
    2.1 Propósito 20
    2.2 Missão 23
    2.3 Função social 25
    2.4 Visão 28
    2.5 Princípios 30
3 Atos constitutivos (Estatutos) 35
4 Poderes 38
    4.1 Representação de entidades jurídicas 38
    4.2 Poderes institucionais de Estado 40
    4.3 Legislativo e Judiciário – distinções fundamentais 43
    4.4 Mecanismo fiscalizatório 44
    4.5 Estrutura funcional 44
    4.6 Funcionamento institucional 45
    4.7 Desafio à modernização 45
5 Planejamento estratégico 46
    5.1 Planejamento estrutural 47
    5.2 Planejamento de gestão 49
6 Monitoramento 52
7 Diagnóstico organizacional 53

PARTE DOIS
QUANTO À ESTRUTURA E ÀS PREVISÕES ESTATUTÁRIAS

8   Considerações gerais 57
9   Uma alternativa sumária 59
10 Identidade, funções e finalidades 61
    10.1 Identidade 61
    10.2 Funções e finalidades 63
    10.3 Funções específicas (detalhamento) 64
11 Parte associativa 67
    11.1 Categorias de associados 67
        11.1.1 Mudança da categoria de associados 69
    11.2 Admissão de associados 69
    11.3 Prerrogativas dos associados 70
        11.3.1 Habilitação para votar 71
        11.3.2 Quanto à elegibilidade 72
    11.4 Obrigações dos associados 72
    11.5 Desligamento e sanções de associados 74
12 Formação dos poderes 77
    12.1 Assembleia Geral 80
        12.1.1   Composição da Assembleia Geral 80
        12.1.2   Competências da Assembleia Geral 81
        12.1.3   Natureza da Assembleia Geral 82
        12.1.4   Competência para convocação da Assembleia Geral 83
        12.1.5   Local de realização da Assembleia Geral 84
        12.1.6   Prazo e forma de convocação da Assembleia Geral ... 84
        12.1.7   Edital de convocação da Assembleia Geral 85
        12.1.8   Quórum mínimo e sequência de convocação 86
        12.1.9   Sistema de votação da Assembleia Geral 88
        12.1.10 Aprovação das matérias da Assembleia Geral 88
        12.1.11 Atas da Assembleia Geral 90
    12.2 Conselho Deliberativo, de Representantes, ou equivalente 92
    12.3 Diretoria Executiva 95
        12.3.1 Presidente 97
        12.3.2 Secretário 99

	12.3.3	Tesoureiro 101
	12.3.4	Suplentes da Diretoria Executiva 102
	12.3.5	Coordenadores em apoio à Diretoria Executiva 103
12.4	Conselho Fiscal 103	

13 ELEIÇÕES 107
- 13.1 Disposições gerais das eleições 107
- 13.2 Como são regidas as eleições 108
- 13.3 Forma de realização das eleições 109
- 13.4 Formação de chapas 110
- 13.5 Inscrição de chapas 110
- 13.6 Escolha dos membros do Conselho Deliberativo 111
- 13.7 Coordenação das eleições 111
- 13.8 Habilitação de chapas ao pleito 112
- 13.9 Quando da falta de chapas concorrentes ao pleito 113
- 13.10 Apuração dos votos 114
- 13.11 Julgamento das eleições 114
- 13.12 Recomposição de membros 115
- 13.13 Posse 116
- 13.14 Perda do mandato 119
- 13.15 Normatizações complementares 120

14 PATRIMÔNIO 121
- 14.1 Natureza das fontes de recursos 123
- 14.2 Despesas 125

15 REGIME FINANCEIRO, LIVROS FISCAIS E CONTÁBEIS 128
- 15.1 Regime financeiro 128
- 15.2 Livros fiscais e contábeis 129

16 DEPARTAMENTOS, SETORES, COMITÊS, COMISSÕES... 132

17 TÍTULOS HONORÍFICOS 134

18 DISPOSIÇÕES GERAIS, ESPECIAIS, TRANSITÓRIAS E FINAIS 136
- 18.1 Disposições Gerais 136
  - 18.1.1 Quanto à autonomia da entidade 136
  - 18.1.2 Quanto à aplicação dos recursos e possíveis sobras (superávits) 137
  - 18.1.3 Quanto à prática de gestão 137
  - 18.1.4 Quanto à responsabilidade dos associados 137

		18.1.5	Quanto a vedações de caráter institucional	137

       18.1.5   Quanto a vedações de caráter institucional 137
       18.1.6   Quanto à legalidade arrecadatória 137
       18.1.7   Quanto aos serviços voluntários desde que assim determinado 138
       18.1.8   Quanto a serviços profissionais 138
       18.1.9   Quanto à não responsabilidade por indenizações ... 138
       18.1.10 Quanto à possível dissolução da entidade 138
  18.2   Disposições Especiais 139
       18.2.1   Fundadores (idealizadores) 139
       18.2.2   Pretensões e possibilidades de realizações 139
       18.2.3   Registro histórico 141
  18.3   Disposições Transitórias 141
  18.4   Disposições Finais 142
       18.4.1   Quantidade de vias do ato 142
       18.4.2   Quando da alteração estatutária 143
       18.4.3   Quanto ao foro para deliberações judiciais 143
       18.4.4   Local, data e entrada em vigor do ato 144
       18.4.5   Consistência e reconhecimento do teor estatutário . 144

PARTE TRÊS
QUANTO A DEFINIÇÕES INFRAESTATUTÁRIAS

19 CONSIDERAÇÕES GERAIS 147

20 REGIMENTO INTERNO 148
  20.1   Titulação e identificação 149
  20.2   Estrutura sumária 150
  20.3   Uma alternativa sumária 150
  20.4   Matérias pertinentes de regimento interno 152

21 REGULAMENTAÇÃO DE USO 155

EPÍLOGO 157

PREFÁCIO
Como, por que e para quem este livro foi escrito?

Respeitosamente.

Elaborando estatutos, contratos, regimentos, regulamentações funcionais, planejamento estratégico e diagnósticos organizacionais em apoio a entidades associativas e empresariais; atuando como profissional liberal em consultoria organizacional e contábil; atuando em diretoria executiva de entidades associativas; cursando temas relativos a consultoria organizacional, legalidade, empreendedorismo, comunicação e relações humanas; atuando na condição de protagonista em modificação de leis; discorrendo, debatendo e professando sobre os temas aqui relatados enquanto em atendimento às entidades; visando à formação de um fundamental teor quanto à organização de entidades jurídicas, em especial associativas, como início e entendimento, também a ser contestado e enriquecido.

E, tendo como:

MISSÃO: Proporcionar facilidades organizacionais.

VISÃO: Resultar em livro de fundamental e objetiva fonte de informações ao estudo e ao apoio a entidades jurídicas.

FUNÇÃO SOCIAL: Gerar, expandir e propagar conhecimento sobre entidades jurídicas.

PRINCÍPIOS: Respeito, persistência e reflexão.

Assim foi escrito este livro.

Para aproximar o conhecimento amador da expertise sobre organização de entidades jurídicas; a partir do porquê de constituir uma entidade jurídica; com vistas a proporcionar conhecimento sobre normatizações, especialmente estatutos e sua formação, e buscar traduzir objetiva comunicação e relação da sociedade com a entidade jurídica a que todos estão sujeitos.

E, ainda, para proporcionar adequadas buscas de solução, tendo como:

PROPÓSITO: A entidade jurídica em sintonia com seus usuários.

Este o porquê de ter sido escrito *Propósito da Missão*.

É destinado a todo cidadão e cidadã em constante e natural convivência e interação com entidades jurídicas, propriamente no convívio social e, em especial, a: idealizadores e/ou fundadores de entidades jurídicas; membros de poderes eletivos e demais associados de entidades, empresários e gestores; graduados e técnicos das categorias profissionais focadas no estudo, na organização e no funcionamento de entidade jurídica, bem como aos profissionais das demais áreas do conhecimento; servidores públicos ou de conotação pública; autoridades, eletivas ou não; políticos; professores; e estudantes, prioritariamente já na formação de Ensino Médio, para os quais sugere noções fundamentais sobre a entidade jurídica que está relacionada à própria convivência humana, pois o ensino superior específico de profissão é acessado por parte da população.

Também para esse público, por analogia temática, este livro foi escrito.

É também objetivo do presente livro formar ponte de analogia entre entidade pública e privada.

A expansão do conhecimento, incluindo certo domínio popular de tecnologias e matérias afins de cada área profissional, permite que a sociedade migre de profissão, inclusive algumas regulamentadas, fazendo com que, também nesse sentido, ganhe relevância a expansão desta área do conhecimento, independente de profissões ou classes sociais, sempre visando a proporcionar conhecimento de causa e sintonia nas relações com a entidade jurídica, independente da forma de participação ou interação, inclusive quanto às responsabilidades e oportunidades que são geradas.

Tratou-se de escrever em linguagem acessível, inclusive nas breves inserções de conotação técnica.

PARTE UM

QUANTO AOS FUNDAMENTOS DA ENTIDADE JURÍDICA

1
Entidade jurídica e sua natureza

Entidade, como princípio, e conceitualmente, vai além da pessoa física ou jurídica, o que se compreende pela existência da coisa ou do ser que a caracterize e individualize.

Pessoa física, por si só, é uma entidade, dela emanando as jurídicas.

No convívio com seus semelhantes, banhados por influências culturais, afinidades, estilos, intenções, atrações, valores, princípios, lideranças, interesses, entusiasmos, conhecimentos, costumes, idades, aspirações, funções, formações, práticas, habilidades, desenvolturas, comportamentos, aproximações, qualidades, personalidades, visões, experiências, necessidades, ideologias, ficções, crenças, carências, fortalezas, estaturas, credos, capacidade econômica, expectativas, oportunidades, fortunas, riquezas das mais diversas naturezas, sejam intelectuais, espirituais, de capitais, dentre outros inúmeros valores, éticas, situações e razões, humanos criam nações, estados, municípios, distritos, localidades, blocos econômicos, delimitações, dentre as mais diversas formas de unidades e identificações.

Toda pessoa física sempre está de alguma forma inserida e mesmo interagindo com entidades coletivas, ainda que informais, e mesmo que por consequência.

Células sociais coletivas são entidades, independente da forma de convívio, inclusive aquelas familiares, por similaridades, condomínios, condições de vida, organizações, dimensões e conexões, que se formam, modificam, se ampliam, se partilham, como resultado de convivências, que geram fatos, convergências e propriamente identidades, o que as torna entidades de fato, também suscetíveis de conflitos e dispersões.

A entidade pessoa física existe pelo natural nascimento biológico, enquanto a de conotação jurídica cria-se pela livre iniciativa de indivíduos, de forma coletiva. Aquela jurídica, na forma e no reconhecimento da lei.

A existência legal da entidade jurídica pode ser de previsão finita ou permanente. Portanto, difere da pessoa física, de natural e finita existência.

A evolução na criação, formação de conceito, legal personificação, revestimento e reconhecimento de entidade como personalidade jurídica, segundo relatos históricos, principiou na época imperial, influenciando a forma de atuação e o convívio da sociedade como um todo, em especial quanto à identificação, à identidade da pessoa física, para que pudesse se fazer representar na entidade jurídica.

Também, e de forma substancial, influenciou, dentre outros fatores: quanto ao legal e expresso reconhecimento e domínio de propriedade; em relação à geração de patrimônio, seus mecanismos regulatórios pertinentes, inclusive na composição de capitais, tributação e relações do trabalho; e no que respeita à formação de resultados diante do contexto que envolve inclusive sua aplicação, e na participação dos resultados.

Em princípio, a entidade é de caráter público ou privado, ou seja, de caráter governamental ou não governamental e, na forma estabelecida pelo estado, a expressa classificação da sua natureza jurídica, a exemplo de entidades associativas, fundacionais, limitadas, anônimas...

Nota-se que, além daquelas sem fins lucrativos, também são entidades jurídicas todas aquelas com finalidades de lucro. Portanto, o conceito de entidade jurídica extrapola do popular considerado alcance das tradicionais associações, organizações religiosas, políticas, sindicais e fundacionais.

A legalização de entidade jurídica se dá pelo seu reconhecimento na forma da lei, que são escolhas de um estado constitucionalizado, mediante requisitos próprios, a exemplo de nomenclaturas denominativas de sua identidade, natureza jurídica, composição social, funções, local de funcionamento, tempo de duração, possível composição de capital e/ou fundo social, dentre outras exigências de ordem legal.

A existência de entidades alheias aos requisitos de ordem legal, o que se caracteriza pelo próprio existir como célula social de fato, coletiva, e até mesmo individual, fica sujeita de legalmente ser equiparada à pessoa jurídica perante o Estado, em especial quanto à tributação.

Acresça-se que toda entidade jurídica fica sujeita aos cabíveis procedimentos contábeis quanto ao seu patrimônio. Inclusive aquelas associativas, em que a composição de patrimônio não é requisito para sua constituição. Isso porque, ainda que para o seu custeio e funcionamento, forma arrecadação, a qual também se compreende como patrimônio, ainda que exclusivamente financeiro.

O patrimônio forma-se pela composição de valores expressos monetariamente, inclusive gerados pelo exercício de função; movimenta-se e transforma-se por mecanismos de administração; identifica-se e se sustenta na técnica e ciência contábil; representa e compartilha na orientação da lei.

Contabilmente, além da pessoa jurídica ou assim equiparada, entidade também se refere à pessoa física, pois se assenta no conhecimento técnico-científico para tratar do patrimônio expresso em valores monetários relativos a cada célula social. Perante o tesouro nacional, a própria declaração de renda pessoa física, de controle público quanto à arrecadação, geração de riquezas e contexto patrimonial, é forma de mecanismo contábil, inclusive quanto à apuração de resultados.

Portanto, a contabilidade é da responsabilidade e do interesse de cada entidade jurídica, e dos seus usuários, no alcance do que for necessário ou conveniente, onde o próprio livro-caixa compreende-se como peça contábil. Contabilidade é uma ciência identificada decorrente da atribuição de valor, de importância capital quanto ao patrimônio, em benefício da humanidade, inclusive quanto à identificação de propriedade. O profissional contábil apenas se investe em perícia quanto ao trato com o patrimônio.

Sob a ótica contábil, o patrimônio expresso em valor monetário é fator determinante na caracterização da entidade. Isso porque não há como contabilizar o que não tenha nenhum valor monetário, assim como na matemática não há como se dividir qualquer expressão numérica por zero, ou seja, por nada.

O tratamento técnico-científico contábil é escritor, regulador e também protetor do patrimônio da entidade, na sua legal composição e histórica movimentação, e determinante no princípio da continuidade.

Balanço, demonstrações contábeis e financeiras, por se tratarem de endosso de confiança quanto ao expresso valor monetário e à composição do patrimônio, ganham *status* de *moeda contábil*. Uma vez reconhecido e, portanto, sustentado por profissional de competente habilitação regulamentada, estabelece fé pública à sua credibilidade.

Reconhecida como ciência, e uma das profissões mais antigas, em a contabilidade deixando de existir como profissão, será por voltar às origens, porém mediante sua aplicação objetiva pelo conhecimento difundido, portanto popular. E pelo apoio tecnológico.

Mesmo quando mediante procedimentos rudimentares, o processamento dos atos e fatos administrativos relativos ao patrimônio migra ao conhecimento técnico-científico contábil.

A evolução humana torna a perícia necessária ao essencial em cada área do conhecimento, muito em especial pela tecnologia. E meio que se confunde com um prêmio da própria natureza. Também perigoso, porque a própria responsabilidade se dispersa, tanto na geração quanto na interpretação, efetiva aplicação e propagação de informações, ainda que mediante avançados mecanismos de inteligência artificial, inclusive analítica, como apoio, muito embora, finalmente, seja na matemática onde as resoluções se assentam.

O fundamento está em identificar e contabilizar técnica e legalmente, a cada entidade, o patrimônio que a esta pertença. E interpretá-lo, identificando soluções diante da dinâmica do mercado, da lei e, principalmente, da visão e mentalidade que se forma em cada entidade, pela dinâmica do pensamento e da administração, no trato e na aplicação de patrimônios.

O controle formal do patrimônio, em especial quanto à movimentação financeira, é fator primordial na legalidade funcional da pessoa jurídica. A movimentação financeira deixa rastros formais. Quando informal, dispersa o seu destino, e quando por meio fungível, ou seja, em moeda corrente, pela sua natureza, dispersa propriamente a localização do objeto.

Mesmo quando público, o patrimônio é finalmente compreendido pertencer a um previsto contexto de células sociais individuais, pessoa física, ainda que relativo a uma abrangência territorial disciplinada por lei, a exemplo do Estado.

Ainda que pertencente a uma entidade jurídica, finalmente, pela própria essência da natureza humana, o patrimônio se reporta à pessoa física. Ao liquidar qualquer pessoa jurídica, por exemplo, ao final, identifica-se de fato a que pessoa física pertence seu patrimônio.

Territórios e utilidades são objetos à natural ação do instinto animal. Planejamento, legalidade, crença, arte, ciência e atribuição de valor são frutos da mente humana.

Antes da entidade jurídica, deve-se salvar a própria honra. É o sentimento que fica. É antônimo de orgulho, pois diz respeito à vida, à dignidade, que é própria da natureza humana, enquanto a entidade jurídica é uma opção.

2
A razão da existência de uma entidade jurídica

Na formação de entidade jurídica, antes mesmo do atendimento a requisitos de legalidade, incidem fatores essenciais, como proposta para justificar sua própria constituição.

Propósito da missão, eis a razão da existência da entidade jurídica.

É diretamente associado com finalidades, ou seja, uma missão, para determinado propósito, ou propósitos.

Essas definições antecedem a própria definição da função social da entidade, da atividade a ser exercida. Mesmo antes da sua denominação, bem como de uma visão inicial a ser perseguida e dos princípios a serem seguidos, portanto antes da formalização dos seus atos constitutivos. Tudo mediante definição sintética, em objetiva comunicação cotidiana.

Brevidade e dicção com vistas à fácil compreensão constituem-se em elementos fundamentais para sua assimilação e memorização. E, fundamentalmente, para sua fácil identificação.

Por consequência, constitui-se em mecanismo de marketing e publicidade, e proporciona ações proativas funcionais da entidade, na singular formação e identificação da sua imagem.

A própria denominação da entidade e seu título de estabelecimento (sigla, ou nome fantasia), quando existente, funcionam como conexão para a identificação da entidade. Ou seja, como ponte, janela, ao seu acesso, ao seu núcleo, na identificação da razão da sua existência, ou seja, dos seus propósitos, bem como da sua missão, da sua função social, da sua visão e dos seus princípios.

Isso se aplica em toda e qualquer entidade jurídica, em especial naquelas regidas estatutariamente, ou seja: de caráter público, a exemplo de autarquias; e de conotação pública, a exemplo de associações e fundações do considerado terceiro setor da economia.

Por tratar-se de matéria essencial no que tange ao núcleo e à essência da entidade jurídica, essas definições carecem de ser integralmente descritas em algum de seus atos consistentes, a exemplo do estatuto, do regimento interno ou da ata de Assembleia Geral, e é necessariamente no estatuto o que a lei obriga, a exemplo do nome e da atividade da entidade. É essencial que seja objeto de aprovação por parte de relevante poder colegiado da entidade, atribuindo-lhe reconhecimento, comprometimento e efetivo envolvimento.

Isso para dar legitimidade e proteção a essas essenciais definições. Assim também a lhe dar caráter de permanência e evitar de se tornar objeto de aleatórias modificações.

Usuários internos e externos da entidade passam a esperar por projetos, objetivos, metas e ações no exercício da sua função social. No entanto, sempre alinhados aos seus fins estabelecidos, ou seja, à sua missão e consequentes propósitos.

Tudo isso convém estar assentado em planejamento estratégico.

2.1 Propósito

O exemplo de escalar o topo do Everest certamente tenha sido missão de inúmeras pessoas, com propósitos iguais ou distintos, ou mesmo sem nenhum propósito.

O exercício empreendido por uma entidade política, tendo como missão instituir um novo regime político em uma nação, por exemplo, certamente terá como função, ao acessar o poder, promover regulamentações, leis, doutrinas, posturas, comportamentos, inclusive de mercado, ensino e possivelmente até no campo religioso, dentre outros fatores, em convergência como o regime proposto. Também estabelecer alguma disciplina como princípios, tudo fundamentado em planejamento.

E, quais seriam os reflexos dessa missão? O que iria mudar na vida das pessoas, no convívio social, no cenário internacional, na economia, na política interna e externa? Uma vez identificado isso, pretendido e definido, esse seria o propósito, ou os propósitos, da missão.

Seja qual for o propósito da entidade jurídica, em princípio, sempre o terá.

E ainda que seja especificamente ao congraçamento, no sentido de harmonizar-se, conciliar-se, manter, formar ou restabelecer relação de amizade, simpatia e frequência de convívio, típico de associações comunitárias.

Observa-se, nessa alternativa, que, enquanto o congraçamento está sendo visado, pretendido, como reflexo de uma missão, o ato de confraternização efetivamente se realiza, acontece como função, visando ao congraçamento e **à concórdia** dos associados.

Quanto a serviços de bombeiros, como hipótese e analogia, e independente de ser corporação da sociedade civil organizada, a exemplo de voluntários, civis, ou pública municipal, estadual, na cultura, ou na lei, inclusive de cada nação, aqui compreendido como sendo de assistência social, relativo ao território da abrangência em que se propõe a atuar, certamente, e independente da forma descrita, tenha como propósito que a sociedade possa sentir permanente cobertura de assistência emergencial à vida e aos patrimônios, e preventiva em edificações, às suas continuidades.

No que se refere à assistência preventiva, no exemplo acima citado, quanto a mecanismos de proteção contra incêndio e pânico em edificações, aqui entendido como sendo referente a *obras e posturas*, por tratar-se de questões técnicas relativas a obras, portanto da competência municipal; ou mediante convênio com entidades, públicas ou privadas, tecnicamente habilitadas, na permissão da lei, ainda que para o exclusivo exercício de supervisão técnica em apoio aos Municípios. Isso, em princípio, por tratar-se de *atestado técnico* de prevenção contra incêndio e pânico, pois alvará de funcionamento é expedido pelos Municípios (obras e posturas), enquanto alvará de segurança pública é da alçada da polícia (de ordem pública).

Quanto à segurança pública, típica de Estado, certamente o propósito é que a sociedade possa sentir permanente proteção quanto à ordem pública.

O Conselho Brasileiro de Qualidade do Leite – CBQL aprovou em Assembleia Geral, em 21 de setembro de 2018, em Curitiba, Estado do Paraná, como propósito da entidade: "Zelo na saúde pela alimentação láctea, e sustentabilidade na cadeia produtiva do leite e derivados no Brasil".

O Sindicato dos Contabilistas de Concórdia (SC) e Região aprovou em Assembleia Geral, em 23 de agosto de 2018, em Concórdia, Estado de Santa Catarina, tendo como propósito da entidade: "Desenvolvimento econômico e humanitário sustentável".

Qualquer missão, presuma-se, deve estar de fato voltada para algum propósito esperado.

É natural que, ao se divulgar a missão de uma entidade, fiquem subentendidos seus propósitos. Porém, na subjetividade, percorre vagas interpretações, inclusive no seu ambiente interno, em relação a sua identificação, definição e difusão, até mesmo por parte dos seus gestores.

Propósito é o que se espera como reflexo, o porquê e mais nobre desígnio da missão, parâmetro motivador ao exercício da função social da entidade. É o efeito da missão e, por consequência, sua causa final. Portanto, vai além de referir-se à não finalidade de lucro.

Quando a entidade for exclusivamente privada e com finalidade de lucro, uma vez definido isso e, portanto, sendo o seu foco principal, ou mesmo único, é admitida a subjetividade quanto a outros possíveis reflexos pretendidos como propósitos.

No entanto, se a atividade, como objeto e função social da entidade, for sem fins de lucro, então é necessário definir as finalidades.

Definido isso, convém que o propósito seja escrito e divulgado.

A entidade é que define o seu propósito.

Pode referir-se exclusivamente a dimensões externas da entidade, ou mesmo referir-se especificamente para fins internos, aos associados. Na prática, seus reflexos sempre vão além dos limites internos, mesmo que estes não sejam percebidos. E possam ser ocultos, pessoais, ou mesmo corporativos.

É necessário que a entidade exista para fins de propósitos justificadamente importantes, bons, na expectativa dos seus usuários, para a sua existência e à continuidade das suas funções.

Para que a entidade seja apoiada, seguida e mesmo defendida, carece de se conhecer, compreender, admirar e ser relevante o propósito da sua missão. Promove identificação, interação, envolvimento e até mesmo interligação de entidades.

Tudo parte da intenção e do inequívoco posicionamento dos instituidores, fundadores. Posteriormente, dos seus associados vigentes, e gestores, mediante deliberação dos poderes competentes da entidade.

Como resultado da missão, além dos propósitos benéficos esperados, também cabe a responsável identificação daqueles que possivelmente possam não o ser por consequência, ao menos para conhecimento e cabíveis deliberações internas da entidade.

Cabe a cada célula social, pessoa física e jurídica, identificar o real propósito de cada entidade, em especial àquelas de sua interação, podendo estar claramente expresso, ou não. Inclusive em relação ao setor público, e propriamente quanto às suas ramificações, órgãos e estruturas funcionais.

A própria sociedade corrige possíveis descaminhos para convergir aos propósitos e expectativas, quando expressamente estabelecidos, assimilados e reconhecidos.

Propósitos fortalecem instituições, motivam gestores e usuários para que a flexão do verbo, que é a ação, verta para adequados caminhos às suas propostas realizações.

Isso vale para as mais diversas entidades jurídicas, sejam públicas, mistas ou privadas, com e sem finalidade lucrativa, assim como as de cunho pessoal.

Há de se distinguir propósito de função social, ou seja, do ramo de atividade a ser exercido, seu objeto de ação.

Quando em cadeia de entidades vinculadas entre si, no exercício de suas funções específicas, e ainda que para missões próprias, supõe-se que realizem propósitos em comum.

Podem coincidir propósitos, no todo ou em parte, em múltiplas e distintas entidades, que podem mesmo ser diferentes para missões iguais, por ser o que se propõe esperar como reflexo.

Ter propósitos é diferente de simplesmente exercer uma função para realizar determinada missão.

E que sejam prósperos e benéficos à humanidade, à fauna, à flora, à natureza...

Certamente, esteja o propósito da nação brasileira escrito na sua bandeira.

2.2 Missão

Ao visitar um dos estabelecimentos de uma entidade no território do Estado de Santa Catarina, no ano de 2017, vi, pendurada na parede, uma placa onde se encontrava descrita sua missão, e fiquei sem compreender sua mensagem.

Saudando e pedindo licença, perguntei ao gerente qual era a missão da entidade; este de imediato se voltou à placa para fazer a leitura. Na sequência, interpelei propondo que dissesse a referida missão com suas próprias palavras, para tornar mais fácil o meu entendimento. Somente foi possível dizer lendo. Saí do estabelecimento sem entender qual a missão da entidade, que subentendo também não tenha sido entendida pelo gerente.

Para analogia, a Associação de Agroindústrias Alimentícias de SC – ASAASC, com sede em Concórdia, Estado de Santa Catarina, por ato de constituição da entidade, no dia 2 de fevereiro de 2016, em Chapecó – SC, estabeleceu como missão daquela entidade: "Fortalecer a capacidade mercadológica das agroindústrias alimentícias de Santa Catarina". Plenamente compreensível e memorizável.

A entidade Nucleovet, de Chapecó, SC (Núcleo Regional Oeste), aprovou em Assembleia Geral, por ato de sua reforma estatutária, no dia 21 de janeiro de 2017, em Chapecó, Estado de Santa Catarina, estabelecendo como missão daquela entidade: "Fortalecer a classe médica veterinária". Também plenamente compreensível e memorizável.

Missão é a *pedra fundamental* da entidade jurídica, alvo de realização, como produto, que se torna possível pelo exercício de uma função.

Precisa simplesmente expressar o que está para efetivamente fazer acontecer, realizar.

Sua definição deve ser descrita numa única frase, para favorecer sua compreensão e memorização. Sempre há como fazer isso.

Missão é para se dizer no todo em que foi descrita, e somente no todo da sua descrição. É para ser compreendida simplesmente pela sua leitura, por ter sido dita, ou lembrada, da forma como foi escrita.

Quando carece de ser explicada para ser compreendida, deve-se rever sua definição.

Seu uso e divulgação só se justificam se esta estiver clara e objetivamente definida.

E não há de se confundir com sua função social, ou com seus objetivos e metas de gestão, os quais certamente serão múltiplos na sua realização.

Também não há de se confundir com seus consequentes propósitos, os quais acontecem como reflexos da sua realização.

É pela missão, do que a entidade está para realizar, que efetivamente se assimila, identifica e se forma a imagem da entidade jurídica. Em especial naquelas regidas estatutariamente e, portanto, de conotação pública.

Clareza de missão também estimula a canalização de recursos e esforços no exercício da sua função social, e propriamente na cooperação e interligação de entidades.

Também serve para evitar a constituição ou o desmembramento de pessoas jurídicas em dispêndios repetidos, ou que não se justifiquem, e mesmo a dispersos fins.

É possível que segmentos ou cadeias de entidades, ainda que para funções em escala, possam estar na mesma missão, distinguindo-se pela sua função.

Os próprios gestores são motivados e fiscalizados pelos competentes poderes da entidade e por seus usuários em relação ao foco da missão estabelecida.

A entidade pode mudar sua missão. Sendo parte da razão da sua existência, que seja também objeto de alteração do estatuto, ainda que não incida em alteração de sua função social ou atividade a ser exercida. Portanto, a constar no estatuto.

O que se pretende realizar? E o que fazer para que isso aconteça?

É preciso saber o que se visa a realizar como missão, para que se estabeleça a função. Portanto, assim como os propósitos, também a missão, como finalidades, devem ser definidos antes da própria função social, da atividade a ser exercida.

Somente para finalidades esperadas, como missão a ser realizada, e propósitos como seus reflexos, é que se define, exerce e investe numa função.

2.3 Função social

Função trata-se da atividade a ser exercida pela entidade, que é o verbo, sua ação. Propriamente a máquina, como objeto de ação.

A efetiva procura pela entidade jurídica é para contar com o exercício de sua função, sua ação, a qual está para suprimir necessidades e realizar anseios, o que vai ao encontro das propostas finalidades da entidade.

Cabe ressaltar que se há de distinguir funções, atividades, de suas finalidades como missão e consequentes propósitos, os quais decorrem como efeito das funções. Também há que se distinguir de visão e princípios.

Simplesmente, atividade.

A função social convém ser expressa mediante definição sintética, e de contexto, onde, ainda que subdividida em tópicos mediante pontuação intermediária, a exemplo de ponto e vírgula, seja de única pontuação final. Portanto, descrita em um único tópico, e formando sentido completo.

Identificação sintética verte para a assimilação e memorização, ao entendimento do seu contexto. Seu detalhamento, quando necessário, serve como objeto para buscas específicas de identificação.

A unívoca interpretação também compreende eficiente e objetivo recurso de comunicação. Promove e até força para que as deliberações da entidade convirjam à sua proposta função.

Ainda que a descrição detalhada das funções seja requisito suficiente ao registro de atos constitutivos junto ao órgão competente, sua clara e sintética definição gera orientação objetiva, escrita e falada.

Em complemento à definição sintética de função, e somente nesse contexto, quando necessário, por força de lei, ou conveniente, também deve ser descrita de forma analítica, como detalhamento.

Como exemplo de definição sintética da função social numa entidade de classe sem fins lucrativos: exercer a representação político-institucional e a defesa dos interesses de uma classe profissional (ainda que relativa a determinado território); oportunizar aperfeiçoamento profissional; e promover geração de políticas públicas adequadas aos mais nobres propósitos da referida classe.

A Associação de Serviços Sociais Voluntários de Concórdia, com nome fantasia de Bombeiros Voluntários, em Assembleia Geral para fins de reforma estatutária, realizada em 4 de dezembro de 2012, em Concórdia, Estado de Santa Catarina, aprovou como definição da sua função social: "Prevenção e combate a incêndio e atendimento de emergência pré-hospitalar, resgate, busca e salvamento". Como detalhamento de suas funções, em tópico específico, constaram nove itens.

Entidade regulada estatutariamente em regra carece de detalhamento da sua proposta sintética de função social. Isso, dado o contexto do exercício ao seu funcionamento e ao efetivo envolvimento individual e coletivo dos seus integrantes.

Quando regulada contratualmente, ou individual, a atividade se identifica pelo seu expresso e específico ramo dos negócios de produção, extração, indústria, comércio ou prestação de serviços.

As classificações de ordem legal das atividades, especialmente em atendimento ao fisco, para fins tributários, e gerais da administração pública, são estabelecidas por deliberação do próprio Estado. Em princípio, o enquadramento cadastral junto ao setor público das funções de qualquer entidade se dá a partir da descrição da sua função social sintética.

Quando se tratar de entidade pública, de Estado, cujo instrumento regulatório decorre da própria lei, se faz necessário o expresso detalhamento à clara e inequívoca identificação de competência e responsabilidade por parte de cada ente federativo, como também das demais instituições públicas, no que tange a estruturas criadas pelo Estado. E, ainda assim, convém uma definição sintética das funções, mesmo que seja vinculada ao seu expresso detalhamento.

Matéria pública deve ser de conhecimento popular, em especial quanto às funções de cada ente federativo, ainda que, finalmente, sujeita ao discernimento de competência jurídica.

Clareza quanto a competências de função dos entes federativos (União, Estados, Distrito Federal e Municípios) promove sintonia entre estes, e destes com a sociedade, tendo em vista o cumprimento de suas respectivas responsabilidades, assim também ao crivo do eleitor quanto a proposições políticas.

Cada ente federativo deve cumprir o seu papel, estabelecido em lei, antes de suprir aquele de outros, bem como não interferir na competência de outros, sob a consequente lógica de carecer suprimento. Promove ainda adequada arrecadação e partilha do erário público na realização do objeto a que esteja sujeito.

É salutar que suas funções estejam expostas nas casas legislativas e administrativas, além da exposição nos seus recursos eletrônicos de visualização.

Evita conflitos de competências, embates corporativos e propriamente interferências no legal exercício de entidades privadas. Também para que os recursos públicos sejam adequadamente aplicados, inclusive evitando margens a desencaixes alheios dos propostos fins de Estado.

O Estado, como um todo, não pode se privar de suas obrigações constitucionais, para as quais é financiado com a arrecadação de impostos, taxas e contribuições, mesmo que no apoio ao funcionamento de entidades privadas.

A toda entidade privada, em especial quando no exercício de funções relativas àquelas de Estado, em seu apoio e, portanto, de conotação pública, até mesmo como sendo moral, convém monitorar o cumprimento da função e do papel a ser exercido pelo Estado, especialmente no que tange à função social relativa à própria entidade.

A atuação da entidade privada é opcional, e não há de se tornar principal em relação àquela da proposta obrigação do Estado, especialmente quanto ao encaixe orçamentário. Até mesmo para a coerente aplicação do erário público.

A verdadeira essência da solidariedade se compreende pelo cumprimento das responsabilidades em relação a cada uma das partes, e não especificamente de doação, seja financeira, patrimonial ou na forma de préstimos de função.

Cabe estabelecer que Estado de fato se quer no serviço público, e que seja possível seu financiamento para o efetivo cumprimento do dever.

A Carta Magna deve estar alheia de ilusórias previsões obrigacionais, bem como promulgada sob a consciência deliberativa, portanto parlamentar. Ainda que na súplica, por estes, à proteção, individual ou coletiva, de crenças divinas.

Quando a entidade pública ou mista exerce função com exclusividade, ou monopólio por força de lei, exige ainda maior responsabilidade e eficiência quanto ao seu papel e exercício de função, bem como de estar proposta à modernização. Isso dada a ausência de escolha por parte dos usuários.

A efetiva ação na função social da entidade é que realiza sua missão em relação aos propósitos esperados.

2.4 Visão

Sendo a visão da entidade a forma como propõe ser vista, percebida, e propriamente diferenciada no contexto das entidades, então diz respeito à sua expressa determinação como estágio de expectativas a ser alcançado.

Vê-se isso como um desafio. Uma considerada verdade, ainda que admitida como possibilidade de alcance. É o motor, como hipótese desafiadora, que move a ação e consequente realização.

Por analogia, "Eu sou o caminho, a verdade e a vida". Propriamente uma determinação.

O Conselho Brasileiro de Qualidade do Leite – CBQL aprovou em Assembleia Geral, no dia 21 de setembro de 2018, em Curitiba, Estado do Paraná, como visão daquela entidade "Ser a fonte promotora da qualidade do leite e derivados no Brasil".

A Confederação Brasileira de Veterinários Especialistas em Suínos – Abraves Nacional, pelo ato de sua oficial fundação, em Assembleia Geral, no dia 28 de outubro de 2014, em Foz do Iguaçu, Estado do Paraná, aprovou como sua visão "Ser referência consultiva no desenvolvimento da suinocultura".

Trata-se de relevante decisão da entidade. Clareza e firmeza de posicionamento.

A visão difere dos objetivos e metas, os quais são estabelecidos como mecanismos de gestão, sejam quantos forem, e tempestivos à conveniência da entidade.

Na constituição de uma entidade jurídica, mesmo que de forma não expressa, ou até mesmo inconsciente, seus idealizadores formam uma visão de um estágio evolutivo que a entidade visa a alcançar.

O que é expectativa desafiadora e adequada para um, pode não ser para outro. Portanto, uma vez aprovada mediante decisão colegiada, promove envolvimento, e o torna motivador à sua persistência.

Visão desafiadora por deliberação colegiada é fonte promotora de congregação ao efetivo exercício na função da entidade. Isso tanto por parte dos seus principais protagonistas, quanto pelos seus demais integrantes.

Faz diferença tratar-se de visão estabelecida por deliberação da Assembleia Geral de uma associação, por exemplo, de ser por deliberação da sua Diretoria Executiva.

Numa sociedade por cotas de responsabilidade limitada, a maior e legal deliberação colegiada refere-se ao seu integral contexto de participantes cotistas. Assim mesmo, pode recorrer a um maior contexto de participantes na definição e aprovação de sua visão. Quando entidade individual, individual também será sua responsabilidade.

Atuar com visão é diferente de atuar para qualquer estágio evolutivo. É imprescindível que seja definida já no ato da sua constituição. Em caso de renovação, espera-se seja como proposta para se expandir, como também para possível realinhamento, ou propriamente de mudança de foco, de expectativas da entidade.

O alcance ou realização de visão também determina o grau de satisfação, que está diretamente associado ao grau de felicidade.

Tem-se como satisfação o resultado matemático da realidade alcançada dividido pela expectativa criada vezes o numeral cem (100).

Ou seja, quando o resultado percentual for igual a cem, alcançou-se a expectativa; quando superior, a expectativa foi superada; e quando inferior, a expectativa criada não foi alcançada.

Esse indicativo é possível ainda que mediante estimativa, e para as mais diversas situações cotidianas, coletivas e individuais.

Nesse sentido, cabe prudência quanto a posicionamento, determinação e expectativas que se criam.

Considerando que a visão da entidade seja objeto passível de renovação, deve necessariamente ser definida após a definição de sua missão, propósitos e função social. E propriamente antes da sua própria constituição, ainda que na condição de visão inicial.

Antes de a trajetória iniciar, carece definir onde a entidade visa a chegar.

Certamente, nações se congraçam e harmonizam atuando sob uma visão humanitária de oportunidades.

2.5 Princípios

Em 29 de outubro de 2016, numa viagem turística à cidade de Treze Tilhas, meio-oeste do Estado de Santa Catarina, observei que no topo de inúmeras construções havia a escultura metálica de um campanário e de um galo.

Continuando o passeio, também percebi que não poupavam tinta nas construções, resultando num ambiente limpo, organizado, cuidado de uma forma distinta do cotidiano.

Quando interroguei uma das atendentes na Secretaria de Informações Turísticas daquele Município, fui informado tratar-se de uma tradição herdada da Áustria, como mensagem para despertar cedo e com disposição para o trabalho, além de consistir em comunicação entre os habitantes.

Certamente, esses símbolos representam fundamentais valores, princípios, seguidos com naturalidade por relevante parte dos habitantes daquele Município, tanto na atividade profissional quanto na domiciliar, contribuindo na transformação daquela cidade num relevante ponto turístico.

Os habitantes do município de Concórdia, Estado de Santa Catarina, suas lideranças, empresários e autoridades, historicamente deram tanta importância ao trabalho que o Município passou a ser chamado e conhecido como "a capital do trabalho". Foi eleita como a cidade de melhor índice de desenvolvimento do Estado de Santa Catarina e a 6ª melhor do Brasil pelo IFDM - Índice Firjan de Desenvolvimento Municipal, com base nos dados do ano de 2016.

Nas escolas e nos ambientes das artes marciais existem regras a serem seguidas, como princípios, valores preestabelecidos, para fins de um comportamento esperado por todos os seus praticantes.

Nas titulações de graduações profissionais regulamentadas, bem como em celebrações conjugais, civis e religiosas, também se proferem palavras como princípios, inclusive na condição de juramento.

Princípios são uma disciplina fundamental a ser seguida na formação de um ambiente funcional apropriado na condução da entidade. Visa fundamentalmente a criar um ambiente fértil, favorável à convivência e ao desenvolvimento das funções, na busca da realização das suas finalidades.

Os valores culturalmente criados e cultivados pelas mais diversas células sociais são múltiplos, ainda que subjetivos. E dentro desse contexto, cada entidade, por sua própria iniciativa e deliberação, estabelece os seus fundamentais e imprescindíveis princípios a serem seguidos, de acordo com suas conveniências.

Ainda que não haja regra numérica, expressa em palavras, ou frases, há que simplesmente se estabelecer os princípios que efetivamente se espera como necessários ao adequado funcionamento da entidade. Os princípios devem estar expostos à frequente visualização, para serem memorizados, incorporados e efetivamente seguidos, levando à própria identificação da entidade.

O Sindicont Litoral – Sindicato dos Contabilistas de Balneário Camboriú SC e Região estabeleceu em Assembleia Geral, no dia 12 de maio de 2017, em Balneário Camboriú, Estado de Santa Catarina, pelo ato de sua reforma estatutária, como princípios daquela entidade: "Integração, Respeito, Comprometimento e Justiça Social".

A Escola de Educação Básica Vidal Ramos Júnior, estabelecida no Centro da cidade de Concórdia, Estado de Santa Catarina, expõe ao conhecimento do público, inclusive descrito na parte externa do seu acesso, portanto a ser vivenciado em seu ambiente, como seus princípios: "Respeito, Responsabilidade, Solidariedade, Integridade, Eficiência". Tudo plenamente compatível com o ambiente escolar.

Inúmeros fatores devem ser objeto de reflexão no estabelecimento de princípios. Dentre eles, quanto à natureza da entidade, sua função, abrangência, repercussão e expectativas.

Como exemplo, a se referir a questões étnicas, seja sensato o princípio de integração ao de inclusão.

Afinal, quem inclui? Quem é incluído? Por quê? Em que situações? Em que território? Em todos os territórios? Em que tempo? Em todos os tempos...

Etnias são pérolas distintas pela própria natureza, e por isso existem. Então, neste caso, não há que se falar de inclusão, até por caracterizar exclusão, seja por questão de domínio, predomínio, prioridade, privilégio, cultura, desenvolvimento... Há sim que se falar em respeito e integração, visando a convívio, harmonia, oportunidades, evolução e realizações.

Afinal, todos podem rever seus princípios. E existem doutrinas como opção, e leis como regras.

Princípios vertem para a formação de unidade, a desafios compartilhados, o que não dispensa, quando julgar conveniente ou necessário, a criação de regimento interno, e até mesmo código de ética, por exemplo.

Cada princípio seguido fortalece a entidade.

Quando em cadeia hierárquica de representatividade, podem as entidades se fazerem valer dos mesmos princípios. Podem também ser os mesmos, no todo ou em parte, nas entidades não vinculadas entre si.

Sempre que julgar necessário, ou conveniente, a entidade pode rever seus princípios.

Respeito é o principal valor na escala da ética. É a ponte para vínculos, afinidades e continuidade no elo da convivência humana. Gerador de sinergia, é fruto que decorre da educação e se estabelece como cultura na formação de confiança.

E confiança não há de se confundir com fator controle, o qual pode ser o próprio objeto da confiança, a ser aplicado, no caso, inclusive pela confiança recebida.

Controle não há de se confundir com burocracia, pois é promotor de confiança, muito em especial no âmbito institucional. É importante perante a própria hierarquia dos poderes da entidade, e indispensável perante seus usuários.

É pelo estabelecimento, cultivo e vivência de princípios que se forma uma proposta, ou postura ética.

Trata-se de "ética", e não de "a ética", por não ser única.

Ainda que a humanidade tenda a migrar para costumes globais e que se modifiquem para novas realidades e novos tempos, a própria civilização é considerada uma formação ética.

É claro que a evolução da humanidade propõe como princípios éticos aqueles que sejam benéficos sob os conceitos morais.

Portanto, ética não é propriamente um princípio, e sim uma moda comportamental esperada, ou formada, por um contexto de princípios.

Afinal, qual é a ética: Na política em nível internacional, de uma Nação, Estado, Município, agremiação partidária, blocos econômicos, instituições? Nos segmentos profissionais, sociais, inclusive religiosos, de classe, escola? De cada célula social coletiva, pessoa jurídica ou equiparada, inclusive familiar? De cada pessoa física? E propriamente dentro de uma visão universal da humanidade, e em tempos distintos?

O código de ética em cada profissão regulamentada, por exemplo, reserva suas particularidades, formando uma imagem própria de si.

Afirmações apresentadas e consideradas como verdades absolutas, seja sob a ótica de visões individuais, ou coletivas, podem diferir no todo ou em parte por outras fontes visionárias, ou culturais, e, portanto, em princípio, também, éticas, dentro de uma visão própria.

Dogmas são alheios a princípios democráticos e ao livre exercício do pensamento, de onde normalmente parte uma considerada verdade por indiscutível, a se propagar no exercício da realização de uma missão e, até mesmo, a propósitos parcialmente conhecidos pelo seu próprio público executor. Isso sem aqui entrar em méritos, favoráveis ou não, relativos a eficácias ou beneficências no contexto de relações da humanidade.

Trata-se de formação de conduta.

Afirmações sem fundamentação científica, ainda que na maior nobreza e nas melhores intenções, também podem levar à propagação de conflitos diante da natural diversidade de pensamentos.

Dignas atitudes e morais comportamentos se formam pela vivência de princípios benéficos à humanidade e à natureza, ainda quando criança, numa formação ética, sendo como que um fruto de civilizada educação.

A ciência também fica sujeita ao contraditório.

Por analogia, não existe propriamente para cima ou para baixo quanto ao sentido de direção, e sim para o centro ou para fora de um centro gravitacional. Certamente essa afirmação se assenta na física, ainda que sob a ótica da observação, pois o que é um sentido de direção no polo norte é exatamente o contrário no polo sul, por exemplo, a exatos extremos cento e oitenta graus na circunferência terrestre, a qual está em movimento. Assim como, admitido o infinito, qualquer local é centro do universo.

Difere, portanto, aquilo que é subjetivo ou cultural daquilo que é ou visa a ser conotação científica.

Propriamente as crenças são frutos de filosofia, sociologia, história e geografia, em especial nos ramos da geografia humana, política, e econômica, de onde também se assentam e formam, dentre outros ramos do conhecimento, as ciências sociais e as leis de Estado. Mesmo assim, quando admitido por verdade, e efetivamente aplicado, quando não científico ressoa como hipótese, portanto sujeito a revisões, inclusive da lei. A humanidade carece de se organizar, se experimentar, evoluir...

Também a ciência parte de uma hipótese desafiadora, própria de filosofia, ou seja, antes a hipótese depois sua comprovação, continua como hipótese enquanto não tiver confirmação científica. E estudar e conhecer filosofia (próprio de licenciatura) é diferente de gerar filosofia (filosofar).

"Os homens deveriam professar os princípios que norteiam suas ações" é exemplo que o Dicionário Aurélio usa para conceituar a palavra *professar*. E, ainda que se faça necessário uma proposta de Estado, em lei, visando às próprias aspirações de uma nação, preservando a ordem pública e a essência familiar, como fontes primordiais dos princípios morais e educacionais de uma sociedade, associado à geração e difusão do conhecimento, certamente, respeito à diversidade, à reflexão e exposição do pensamento, e o equilíbrio entre o desenvolvimento econômico e a preservação do meio ambiente, se enquadra nos princípios mais primordiais ao equilíbrio do planeta, e propriamente à continuação da humanidade. Quando, então, ao invés de vasto poder de fogo em potencial para incendiar nações, existirão mecanismos suficientes para salvar das chamas uma floresta.

No contexto de cada entidade jurídica, e da humanidade, junta-se uma diversidade de princípios e éticas, coletivos e individuais. Um desafio, e uma riqueza.

Autoestima também é reflexo de valores coletivos e de ambiente. Há, sim, de se estabelecer princípios na condução da entidade jurídica.

Somente se consegue alcançar alguém moralmente pelos seus princípios. Na força, pela lei, ou pela física.

Princípios, na pessoa física, se escolhem; na pessoa jurídica, se atribuem; e na ciência, se identificam.

3
Atos constitutivos (Estatutos)

Entidade regida estatutariamente, por denotar interesses coletivos, torna o voto institucional imprescindível, assim como nas organizações públicas. Ou seja, cabe aos seus integrantes estar em sintonia com os seus atos constitutivos.

Todo cidadão está sujeito à interação cotidiana com essa natureza de entidade, muito em especial naquelas em que esteja diretamente investido com cargo eletivo em seus poderes, ou como associado.

E ainda que não associado, muitas vezes sendo assistido, e mesmo recebendo benefícios, direta ou indiretamente, para si próprio, seus familiares, para a melhor qualidade de vida e harmonia da sociedade, dos entornos do seu ambiente domiciliar, profissional, de lazer, às vezes sem perceber.

Mesmo nas democracias mais desenvolvidas, o Estado proporciona o progresso, sustenta a ordem e o seu próprio regime político administrativo, pelo efetivo exercício de inúmeras entidades associativas, e fundacionais, o considerado terceiro setor da economia, como apoio, o que influencia diretamente na qualidade de vida dos seus habitantes. E são múltiplas, em cada Nação, Estado, Município, Distrito... E das mais diversas abrangências, inclusive territoriais, sociais, comerciais, industriais, de classe...

É da responsabilidade direta dos instituidores, e posteriormente dos gestores da entidade, a adoção de providências ao adequado teor dos seus estatutos, inclusive como respeito aos seus usuários, internos e externos.

A formalização e o reconhecimento dos atos constitutivos da entidade jurídica devem estar em sintonia com a lei relativa à abrangência da sua localização.

No caso das sociedades por cotas de responsabilidade limitada e empresas individuais, por exemplo, é simplificado o necessário contexto de suas disposições. Formalizam-se mediante contratos, fundamentalmente em que se aplica a disciplina da lei.

Já naquelas regidas estatutariamente, ainda que a lei discipline fundamentos para sua legalização, há um vasto campo de autonomia, tornando-se necessário ser da sua própria iniciativa e responsabilidade. Cabe à própria entidade estabelecer parâmetros visando a sua segurança jurídica, patrimonial e administrativa.

Ainda que primordial a observância da lei pertinente, há de se nortear previsões quanto a sua funcionalidade, praticidades e dinâmicas funcionais, propiciando condições adequadas de gestão, bem como estabelecendo parâmetros deliberativos, inclusive quanto à formação de seus poderes e relativos ao seu patrimônio. Sempre observados os mais diversos fatores, dentre eles sua função, dimensão, inclusive territorial, de associados, expectativas, estrutura idealizada, e propriamente quanto à previsão de interação com o setor público e perante a sociedade.

O teor estatutário, sempre que em sintonia com a lei, é soberano perante a entidade. Portanto, senso de caráter legal deve nortear suas previsões e, feito isso, suas pretendidas dimensões.

Cada entidade torna própria sua criadora e funcional regulamentação. É responsável por isso e, para seu funcionamento, há de se investir no que julgar necessário e conveniente na sua formação.

A entidade se estabelece para a realização de suas finalidades. Daí a importância da melhor possível, cabal, singular e adequada elaboração dos seus estatutos.

O contexto das previsões estatutárias deve focar para sua realidade atual, alinhado com uma visão de futuro. É a formação do seu guia funcional, que, em princípio, se forma a partir de um consistente planejamento estrutural.

Ainda assim, por imprevisões, em decorrência de lei, ou por interesse da entidade, pode incidir em revisão, realinhamento, correção, reforma e propriamente modernização de seus atos.

Também há de se identificar o que compreende ou sugere ser objeto adequado à matéria estatutária, daquela por instrumento complementar, como regimento interno, regulamentações de uso, dentre outros atos deliberativos dos seus respectivos poderes competentes.

Modelos estatutários, em princípio, servem como referência, ou material de apoio na sua própria e singular elaboração.

Ato constitutivo de uma entidade jurídica, com o devido grau de alcance, e comparação, reporta a um ato de constituição de uma nação. Trata-se de constituição.

E, assim como a sociedade proporciona, influencia e mesmo faz cobranças junto aos seus representantes para a adequada formação das leis, da mesma forma, nas entidades onde participa diretamente, e com influência direta, e até mesmo fazendo parte dos seus poderes, cabe proporcionar as mais adequadas normatizações.

Estudo aplicado ao adequado alcance de previsões estatutárias é determinante para a melhor funcionalidade da entidade, a exemplo de dinâmica de gestão, modernização, solução de conflitos, formação e transição de mandatos, e à sua própria continuidade. Promove objetivas deliberações e libera tempo ao exercício da sua função social.

4
Poderes

A entidade jurídica existe para o exercício das suas funções, atingindo as finalidades pretendidas, sejam quais forem. Para isso, precisa ser investida de poderes suficientes na sua condução.

Consiste no inequívoco e necessário estabelecimento hierárquico interno de seus poderes, em especial nas públicas e naquelas regidas estatutariamente. Seus poderes colegiados devem ser plausíveis de representatividade consistente.

É imprescindível manter sempre uma conveniente estrutura em relação ao papel a ser exercido e ao contexto da entidade. A entidade privada é responsável pela criação da estrutura, da composição e do funcionamento de seus poderes.

Naquelas regidas estatutariamente, também ocorre similaridade na formação dos poderes em relação àquelas públicas de Estado, em cujas atribuições se estabelecem papéis institucionais para seu adequado funcionamento.

4.1 Representação de entidades jurídicas

Quando entidades jurídicas optam por uma representatividade, é para que nesta sejam tomadas as principais deliberações, como parâmetros, na sua congregação e integração, em que as deliberações fundamentais partam de um poder colegiado interno de notória representatividade das suas representadas.

Em princípio, são as federações que, para serem coletivamente representadas, formam confederações, ou a estas se associam, se filiam. O mesmo acontece com núcleos regionais em Unidades Federativas, na formação de suas respectivas representações estaduais.

Entidade formada por centralização, ou seja, por iniciativa das representadas, torna opcional a participação naquela centralizadora. E uma vez integrante, de alguma forma, toma assento nos seus principais poderes, em especial naqueles colegiados, a exemplo de Assembleia Geral e Conselho Deliberativo ou similar, quando existente.

Nas entidades regidas estatutariamente em níveis hierárquicos de representatividade por centralização, o poder fundamental e soberano de ordenamento da maior escala de representação emana decisório pela deliberação do seu principal poder colegiado, o qual normalmente se forma pela representação das entidades do penúltimo nível de representação, que levam o sentimento, a experiência e expectativas daqueles singulares núcleos autônomos da primeira escala de representatividade.

Ainda que na maior escala da representatividade se desempenhe o grande elo de congregação, é naquelas singulares células da primeira escala representativa que, na prática, se executam as mais nobres e efetivas funções.

Esse procedimento hierárquico segue caminho inverso quando as entidades intermediárias e singulares são formadas por descentralização daquela principal, ainda que legalmente independentes.

O considerado alinhamento funcional entre entidades gera senso de unidade, e de hierarquia, ainda que de cunho moral, porém considerado como primordial e até mesmo obrigatório quando por descentralização.

O adequado alinhamento dos papéis institucionais por parte de cada uma das entidades vinculadas entre si proporciona segurança jurídica na forma como se constituem, bem como adequada formação dos seus poderes e de suas competências.

Da mesma forma, um Estado, como Nação, uma vez constituído, pode formar Unidades Federativas, como forma de descentralização; ou ser formado por iniciativa de Unidades Federativas autônomas, por centralização, formando uma Nação por sua iniciativa.

Nas entidades interligadas, mesmo que exclusivamente para fins de eleger seus representantes, observada sua conveniência inclusive quanto ao fator territorial e possível orientação da lei, por deliberação estatutária também pode formar o poder soberano de uma entidade representativa de escala superior, pelo universo dos membros associados das suas representadas.

Afiliações, intercâmbios, convênios, dentre outros meios de participação, não necessariamente ensejam vínculo de representatividade, pirâmide hierárquica, ou associação, o que se determina pelos atos constitutivos. Denota, no entanto, o caráter de conveniência, viabilidade, afinidades, simpatia, respeito inclusive perante os seus usuários e seu público financiador, no fortalecimento de interesses mútuos.

Alianças sugerem congregação e cooperação na formação de confiança, à sua continuidade, pois se alinham, na vivência em desafios, a propósitos comuns. Daí a importância da harmonização estabelecida nos atos constitutivos entre entidades em escala representativa, como elemento integrador, que se complementem, se identifiquem e se comuniquem entre si.

Isso em especial quanto ao papel a ser exercido em cada célula social autônoma pelas entidades vinculadas, fundamentos essenciais a serem assimilados pelo seu público interno, e externo, no exercício de suas relações.

4.2 Poderes institucionais de Estado

O papel de cada instituição de um Estado deve ser de notório conhecimento de todos os seus cidadãos.

Ao menos enquanto democrático, seus poderes de mesmo patamar hierárquico estão alinhados para atuar de forma isonômica, em equilíbrio institucional e para a própria soberania do Estado.

A legitimidade do ordenamento legal de Estado democrático, definitivamente, parte de um adequado e representativo parlamento.

O Poder Legislativo, de fato, está para ser aquele da maior legitimidade da sociedade, pois é esse poder colegiado, representativo da sociedade, que sustenta a legalidade regulatória em seu respectivo território, de onde se originam propriamente os poderes de Estado. Ou seja, é onde se estabelece o debate e a aprovação do mapa da legalidade, a ser seguido por toda a sociedade e por todos os poderes, cabendo inclusive o papel de poder fiscalizador quanto ao cumprimento da lei.

Mesmo nas propostas de iniciativa do Executivo, o Poder Legislativo é que aprova as leis a serem seguidas, de onde inclusive para fins de segurança econômica, administrativa, jurídica e da sociedade, jamais a lei pode fazer curvar a aplicação da ciência contábil, preservando a expressão da verdade quanto ao patrimônio e suas modificações, mesmo aquelas inflacionárias e as depreciações.

A sociedade carece de estar adequadamente representada na aprovação do ordenamento legal de Estado. Daí a relevância de um autêntico Poder Legislativo em qualquer esfera pública governamental, o qual deve ser qualificado, e ainda que na forma de apoio, estar municiado de perícia.

A legitimidade na composição desse poder, sua estrutura funcional, financiamento, remuneração, frequência parlamentar e seu funcionamento e estrutura, bem como na formação de um adequado regime político eleitoral, inclusive quanto a financiamento de campanha, o que alcança também o Executivo, se dão pela maturidade política da sociedade, que se forma e renova pela vivência, evolução cultural e conhecimento, inclusive por analogia, de uma sociedade, de outras nações.

Quando as oportunidades se equivalem, as diferenças se justificam, inclusive para suprir deficiências.

E, como a lei é salutar fruto da mente humana, papel de Estado em regular a sociedade, um fundo regulatório de Estado a corrigir os extremos desequilíbrios sociais também o é, especialmente diante da automação tecnológica, ainda que diante de um vasto campo de oportunidades, fazendo com que a lei seja benéfica e o confronto entre os extremos suavizem e serenem o seu sentido, na propagação da paz e da harmonia social, ainda que diante do consolo pelos próprios méritos e diferenças, próprios da natureza humana.

Instituições fundamentais de Estado estão para ser preservadas e corrigidas sempre que necessário, mesmo porque *salvador* da pátria é o fortalecimento e a moralização das instituições.

Além da sua representatividade parlamentar, de forma organizada, ou não, a sociedade pode influenciar na definição e aprovação da lei, conforme seu anseio, intercedendo junto às próprias autoridades legislativas, cabendo a essas a responsabilidade pelas decisões. E muito em especial quanto à sua simplificação, quando, em vez da criação de novas leis, se torne mais adequada sua reestruturação.

O Legislativo é a fonte da ordem legal, o palco da legalidade.

Diante da pluralidade de ideias, aprova definições como guia de todos os poderes institucionais, por meio das leis, tornando-se submisso a elas, juntamente com os demais poderes, depois de sancionadas. Por isso, precisa ser composto por coerente representação numérica de uma sociedade do respectivo território.

Poder Legislativo forte é sinônimo de legitimidade representativa popular. Quando fraco, é sinônimo de estado ditatorial.

É dever de Estado o estabelecimento de um limite mínimo de legisladores para garantir adequada representatividade, assim como de um teto numérico, visando a proporcionar adequado debate e funcionamento, inclusive na composição de comissões, para as consistentes deliberações da sua competência.

Cabe adequada representatividade legislativa para balizar as regulamentações de uma sociedade em relação à competência cabível em seu território.

A coerência numérica parlamentar fortalece o Estado e forma senso de representatividade.

Suficiência numérica legislativa promove eficácia deliberativa e de Estado. Insuficiência e o seu excesso fragilizam, confundem, migrando para o domínio do Executivo, portanto ditatorial.

As entidades associativas de certa forma também constroem consistentes poderes colegiados para suas principais deliberações.

Dentro de uma proposta democrática, de sã consciência, somente se constitui Poder Legislativo numericamente forte de representatividade mediante consistente critério de sua composição.

Certamente, a quantidade mínima de nove legisladores, mesmo que em pequenos Municípios, é estrutura numérica legislativa imprescindível no estabelecimento de confiança institucional, assim como o prudente número ímpar de legisladores, tendo em vista o critério de desempate.

Dão-se asas ao exercício executivo quando orientado na lei, nesta fiscalizado e sujeito ao arbitramento. O poder muda de condutor. Natural que se pregue liberdade a um gestor enquanto alinhado com o próprio ponto de vista, também que se aplauda o papel de um parlamento a coibir excessos de outras fontes visionárias.

É a lei que orienta e até mesmo estabelece parâmetros ao Executivo, ainda que proposta e finalmente sancionada por este, a qual se fundamenta no Legislativo.

Deve a legislação primar no campo político-administrativo, econômico, técnico-científico, geopolítico, sociológico e propriamente filosófico em observância à história, ao político-corporativo, inclusive partidário.

O Executivo submete-se no exercício funcional aos propósitos do Estado, conforme os parâmetros da lei, de acordo com o constituído regime político-administrativo, portanto devidamente aprovado pelo parlamento e fiscalizado por este, estando ainda submetido ao crivo, no arcabouço jurídico, do Poder Judiciário.

No entanto, o Poder Executivo está para o desafio de gestão, como proposta ao discernimento do colegiado Poder Legislativo, sempre em observância do coerente alinhamento constitucional, e ainda que seja para sua modificação, ou modernização.

Ao menos democraticamente, o Poder Executivo se compõe de um gestor e também por um imediato, como vice, ambos eleitos pelo voto popular no caso do presidencialismo. Toda a composição funcional do Poder Executivo é remunerada, sendo a composição dos cargos de confiança feita por deliberação do gestor, a exemplo de ministros, inclusive do Tesouro Nacional (Fazenda), e de secretários.

Para analogia, nota-se ainda, em minúsculas entidades associativas, que a formação de Diretoria Executiva eletiva torna-se mais complexa em relação àquela executiva de Estado. Como exemplo, além do Diretor-Presidente, elege também Tesoureiro, Secretário e suplentes, dentre outros cargos de função. Fundamentalmente, isso ocorre para a segurança jurídica da entidade, em especial quanto a questões trabalhistas e previdenciárias, relativas ao território de sua abrangência, notoriamente dado o caráter do trabalho voluntário de seus integrantes, pois, uma vez eleitos, em princípio, se descaracteriza vínculo empregatício remuneratório.

Quanto aos tribunais judiciais, a zelar pelo exercício do cumprimento da lei, julgando de acordo com o alinhamento do arcabouço jurídico, precisam ser compostos com coerência numérica adequada ao debate e ao julgamento, independente da população e do território sob sua jurisdição.

4.3 Legislativo e Judiciário – distinções fundamentais

Na prática, os Poderes Legislativo e Judiciário são os guardiões da lei. Fundamentalmente, o Legislativo no que tange à fiscalização quanto ao seu cumprimento e o Judiciário, em ser provocado ao julgamento e ao arbitramento.

Os Poderes Judiciário e Legislativo, além dos específicos e institucionais papéis a desempenhar, também se diferenciam pelo caráter técnico-científico e pelo papel político-representativo.

Quanto a sua composição, enquanto o Legislativo é eletivo, portanto de formação política, o Judiciário, de notório saber jurídico, deve estar alheio a critérios políticos.

Ressoa como comprometimento e direcionamento quando a aprovação de um nome para integrar o Poder Judiciário é feita mediante indicação política, sem antes uma consistente classificação técnica, em qualquer nação. Inclusive por caber julgamento ao próprio chefe do Executivo e aos membros do parlamento, o que deva estar ao encontro da isonomia dos poderes.

A composição dos membros do Supremo Tribunal Federal, em princípio, é irreversível por não se tratar de mandato, ou seja, temporário. E se trata de decisão relevante para uma nação por estar fundamentado e diretamente associado, além do caráter técnico-científico, também à confiança institucional e propriamente de desenvoltura.

Nesse sentido, parece apropriado que, na escolha para a composição dos seus membros, em especial quanto à confiança institucional e à desenvoltura, caiba finalmente ao Congresso Nacional sua aprovação, por ser a representação colegiada da sociedade.

Quanto ao inicial critério da escolha relativo ao considerado "notório saber jurídico", quem sabe para evitar possíveis comprometimentos, e mesmo desconfortos pessoais e institucionais, talvez fosse mais indicado que, a partir da inicial classificação técnica de sete postulantes ao cargo, mediante concurso público com prazo de validade de cinco anos, por exemplo, coubessse ao Executivo oferecer três opções para as deliberações do Congresso Nacional. Ao congresso, na última fase eliminatória, caberia o poder de escolha, mediante sabatina dirigida aos três postulantes ao cargo, seguida de voto secreto, em única sessão. Assim se evitaria o poder direto de escolha por parte do Presidente, bem como a desconfortável, e também comprometedora, confirmação ou rejeição de uma única indicação.

4.4 Mecanismo fiscalizatório

É incontestável a importância de um consistente mecanismo fiscalizatório e de arbitramento na entidade jurídica. É mesmo indispensável nas entidades públicas e mistas e prioritário nas privadas.

Poder fiscalizador promove transparência, segurança e credibilidade, tanto no ambiente interno quanto no externo da entidade, e a fortalece. É promotor da boa prática de gestão.

4.5 Estrutura funcional

A estrutura de apoio funcional em cada poder público está para ser diretamente vinculada à legal proposta das obrigações constitucionais que o Estado se compromete a cumprir, cujas obrigações devam estar alinhadas a um legal aporte arrecadatório capaz de ser adequadamente suportado pelo seu público recolhedor.

O Estado, quanto a sua obrigação e arrecadação, necessita de vigorosa identificação com seus governados. Trata-se de compromisso.

Diferentemente, a entidade privada, na identificação com os seus usuários ao exercício da sua proposta função social, visa a formar estrutura funcional adequada, em equilíbrio com o seu possível aporte arrecadatório. Portanto, trata-se de proposição.

4.6 Funcionamento institucional

Liberta-se um Estado mediante sólido e isonômico funcionamento de seus poderes institucionais, pela segurança jurídica de uma nação.

O agir dentro do seu institucional cabível contexto de poder e função por parte de cada instituição, fortalece e qualifica o funcionamento de todas as instituições.

A entidade privada também exerce poder institucional, como instituição. E é conveniente migrar para a contemplação dos princípios de impessoalidade, legalidade, moralidade, publicidade e eficiência que se espera da administração pública independente de previsão constitucional, seja por comunicação escrita, ou falada, dada sua conotação, em especial quando em relação com o poder público.

4.7 Desafio à modernização

O desafio à constante modernização de um Estado cursa por seus poderes constituídos, em especial daquele Executivo, assim como o é em qualquer entidade jurídica, inclusive associativa.

5
Planejamento estratégico

Distinguindo-se humanos dos outros animais em especial pela virtude do pensamento e consequente capacidade de planejar, o hábito de planejamento faz diferenciar entre os pensantes.

E torna mais fáceis, objetivas e realizáveis as finalidades pretendidas. Ainda, possibilita tempo a sossegados repousos, descontrações e a novos desafios.

O planejamento que se conclui mediante esgotado, contextual e metódico estudo na sua elaboração, este liberta gestores, canaliza recursos e libera força ao exercício na sua função. Proporciona consistentes e calculados resultados, em adequado tempo, na prévia, prudente e reconhecida escolha dos alvos.

Muito melhor a consistente investida em planejar que frequentes reuniões e dispêndios em desapuro. Ainda mais quando se trata da constituição de uma entidade, mais especificamente da elaboração ou reestruturação dos seus atos constitutivos.

Independente de expertise sobre a matéria, ainda que aconselhável, por seus membros, ou em seu apoio, toda entidade jurídica precisa revestir-se de capacidade de planejamento, bem como do hábito de planejar.

Planejamento é prenúncio de objetivos, metas e respectivas ações, que precisam ser priorizados. Isso se aplica também à vida particular de cada pessoa física.

Quando a entidade jurídica, com finalidade lucrativa, for constituída por uma única pessoa, a responsabilidade gestora e de planejamento também é unívoca e pessoal.

No entanto, quando a entidade for de composição coletiva, a responsabilidade se propaga, pelo menos, aos integrantes da Diretoria Executiva. Daí a importância de ser objeto de aprovação mediante deliberação colegiada, contando com o efetivo envolvimento dos membros integrantes da própria executiva. Vale também no posterior reconhecimento da prestação de contas, incluído o relatório de atividades da gestão.

O planejamento é indispensável em toda entidade jurídica, independente de sua dimensão, até mesmo em respeito aos seus usuários. Muito em especial naquelas públicas, mistas e de conotação pública.

Dentre outras entidades de interesse público, por excelência naquelas sem fins lucrativos, o planejamento ganha relevância e dimensões de caráter social, dado o trabalho voluntário e a aplicação de recursos captados mediante doações, contribuições espontâneas, colaborativas, por ato de bondade e mesmo do erário público.

Em princípio, e sem que se esgote, dada a dinâmica, o alcance, a amplitude, a diversidade, os variados segmentos, as técnicas e as ciências, inclusive contábeis e econômicas, e propriamente a arte de administrar, dentre as mais diversas teorias, ferramentas e resoluções sobre esta matéria, de forma macro, podemos dimensionar o planejamento estratégico em duas fundamentais e distintas partes:

I – planejamento estrutural; e
II – planejamento de gestão.

Quando adequadamente pensada e planejada na sua criação, mais facilmente a entidade jurídica realiza sua missão e seus propósitos, e eterniza sua existência.

Alguns temas são regularmente percorridos e considerados primordiais na elaboração, revisão e reestruturação de planejamento. Na sequência, vamos discorrer de forma genérica sobre essa classificação: planejamento estrutural e planejamento de gestão.

5.1 Planejamento estrutural

Algumas deliberações de planejamento estratégico, mesmo que passíveis de revisão, em princípio, definem-se para ser permanentes, compondo por isso o planejamento estrutural.

Consiste em matéria a ser tratada pelos instituidores e/ou fundadores da entidade. É o desafio calculado, de ação e realização como proposta, inclusive para a tomada de decisão quanto à própria constituição da entidade.

Serve como fundamento, e guia, inclusive para a formação de um sólido e adequado ato constitutivo, em especial quando se tratar de estatuto.

Quando o planejamento estrutural da entidade for elaborado posteriormente a sua constituição, pode incidir em mudança de foco, modificação dos atos constitutivos e propriamente na extinção da entidade.

A elaboração de planejamento estrutural leva inclusive a identificar possíveis entidades com finalidades similares, ou mesmo iguais, no mesmo território, e possivelmente com igual parte dos seus associados, justificando-se a análise quanto à conveniência da sua própria constituição.

Como exemplo, numa localidade, a criação de setores, departamentos, ou comissões, numa entidade, pode suprimir a existência de outra, às vezes formada pelas mesmas pessoas e com finalidades compatíveis.

O mesmo vale quanto à criação de estrutura funcional de Estado, inclusive de órgãos públicos.

Genericamente, planejamento estrutural, ao menos quanto à sua essência, refere-se aos tópicos já amplamente tratados nos itens 2 a 2.5 deste livro, adicionado de um consistente estudo de viabilidade. Portanto, resumidamente, quanto à clareza inequívoca, ao menos de:

I – sua missão;
II – sua função social;
III – seus propósitos, como reflexos da sua missão;
IV – sua visão inicial a ser perseguida;
V – seus princípios a serem seguidos; e
VI – consistente estudo de viabilidade.

No que tange ao considerado estudo de viabilidade, também se insere análise tributária a que esteja sujeito, bem como quanto à previsão de obrigações principais e acessórias de ordem legal, para ciência ao cumprimento das suas oficiais responsabilidades. Sempre no alcance e complexidade conveniente, dada proposta inclusive dimensional da entidade.

Ainda, como parâmetro administrativo às pretensões da entidade, diante da dinâmica do mercado, quando definida uma estratégia fundamental, prioritária, quanto a preço, ou qualidade, serve como indicativo na tomada de decisões administrativas quanto à aplicação dos recursos da entidade, sua utilização, inclusive na aquisição de bens, e materiais, e na realização de despesas.

Por excelência, planejamento estrutural forma crivo na elaboração e execução dos dinâmicos planejamentos funcionais por parte de cada uma das gestões futuras da entidade. Direciona a sólidos caminhos administrativos, migrando às suas claras e expressas finalidades.

5.2 Planejamento de gestão

Cada gestão administrativa deve empenhar-se para proporcionar adequados desafios na realização das expressas finalidades da entidade e na sua defesa.

Planejamento de gestão compreende efetivo exercício administrativo na identificação, priorização e no estabelecimento de objetivos e metas a serem alcançados, devendo ser complementado por um consistente plano de ações na sua realização.

Assenta-se em planejamento estrutural, portanto fundamental, bem como em seus atos construtivos, ainda que sujeitos a modificação.

Dentre os já mencionados diversos mecanismos, técnicas e arte de planejar, o planejamento de gestão se forma, fundamentalmente, na análise quanto aos seguintes fatores:

I – Análise externa da entidade, o que se refere à identificação de:

a) oportunidades: compreendidas como alternativas que, sendo percebidas, a entidade possa, realizar; e

b) ameaças: situações em princípio consideradas fora de domínio e/ou controle de gestão, e propriamente da entidade; dentre outras situações, quanto a legislação, política, gestão pública, costumes, formações culturais, intempéries...

II – Análise interna da entidade, compreendendo como fatores ao alcance, domínio e controle de gestão da entidade, o que, fundamentalmente, se contempla em análise das já consagradas questões de medida, mão de obra, material, ambiente interno, método e máquina, na identificação:

a) dos seus pontos fortes; e
b) dos seus pontos fracos.

A partir de criteriosa análise interna e externa da entidade, em sintonia com o seu planejamento estrutural, e propriamente com seus atos constitutivos vigentes, afloram alternativas de objetivos e metas a serem realizados. Muito embora às vezes sujeitas a estudos específicos, inclusive por meio de resoluções técnicas de estatística, contábil, de engenharia, jurídica, dentre outras áreas profissionais e de pesquisa.

Importante, em princípio, é criar um momento propício, específico, apenas para motivar o alcance do maior número possível de objetivos e metas como alternativas de realização. Questionamentos, análises, junções, adaptações, complementos, exclusões, e muito em especial quanto à classificação e definição de prioridades, sugerem procedimento posterior àquele de motivar o elenco de alternativas.

Nesse sentido, sempre que objetivos e metas estiverem em sintonia com a missão, a visão, a função social, os princípios e os propósitos da entidade, portanto com o seu planejamento estrutural, estarão no rumo dos fins de:

I – aproveitar oportunidades;
II – utilizar, ou potencializar, seus pontos fortes;
III – corrigir pontos fracos; ou
IV – visar à neutralização de ameaças.

Ainda, na definição de objetivos e metas, para assim poderem ser caracterizados, é necessária a aplicação do também consagrado princípio SMART, ou seja, cada um dos objetivos e metas deva ser:

I – específico: de forma a ser claramente dimensionado e identificado o objeto de realização;
II – mensurável: que possa ser medido seu grau, quantidade, percentual, ou índice, de realização;
III – atingível: que sua realização seja possível;
IV – relevante: que tenha significado, importância, ousadia, motivos, o porquê da aspiração de sua realização, e consequentes reflexos esperados; e
V – tempo: que se estabeleça prazo para sua realização.

Como exemplo de objetivo e meta: criar e aprovar um regimento interno da entidade, no imediato prazo de noventa dias dessa decisão.

Observa-se que esse exemplo, descrito de forma objetiva, entra no mérito dos cinco itens que formam o princípio SMART, cabendo à entidade a avaliação quanto ao mérito de sua realização.

Numa palestra ministrada pela budista Monja Coen Sensei, realizada em Concórdia, Estado de Santa Catarina, no centro de eventos, no dia 15/12/2015, evento promovido pela ACIC – Associação Comercial e Industrial de Concórdia, Estado de Santa Catarina, disse ela que um dia, por solicitação, assumiu o compromisso de escrever um livro sobre determinado assunto. Passado algum tempo, junto a outra fonte solicitadora, assumiu o compromisso de escrever outro livro, porém mediante prazo definido para conclusão, o qual foi concluído sem mesmo ter iniciado aquele primeiramente assumido. Afirmou ter sido determinante o estabelecimento de prazo para sua realização.

Este é apenas um exemplo que evidencia a necessária contemplação do critério e/ou princípio SMART, que, quando contemplado, gera motivação, forma disciplina e canaliza recursos, inclusive de força, na realização dos objetivos e metas estabelecidos. Em tese, o princípio SMART ou é contemplado, ou trata-se apenas de uma ideia na formação de um objetivo e meta a ser realizado. Ainda, a inicial ideia de um objetivo e meta pode se tornar compatível de ser uma das ações de um objetivo e meta a ser realizado.

Como consequência, para cada um dos objetivos e metas sempre se faz necessário estabelecer um rol de ações para sua realização.

Já está historicamente justificado que cada uma das ações torna-se mais facilmente realizável quando contemplados os seguintes requisitos:

I – o que fazer: compreendendo a própria ação a ser realizada;
II – por que fazer;
III – como fazer;
IV – onde fazer e/ou realizar;
V – responsável por conduzir a ação;
VI – custo de realização; e
VII – tempo limite estabelecido para sua realização.

Isso também possibilita uma consciente e prudente definição da quantidade e de quais os objetivos e metas a serem assumidos pela gestão, e quanto a serem para realização de curto, médio ou de longo prazo, na forma como for estabelecido.

Objetivos e metas, quando claramente definidos e acompanhados de um consistente plano de ações, terão contextualizadas previsões suficientes para sua realização.

6
Monitoramento

Uma vez legalmente constituída, a entidade insere-se num rol de obrigações estatutárias, de ordens legal e deliberativa da entidade, inclusive de gestão, as quais ficam sujeitas ao cumprimento de prazos, e a possíveis modificações, aditamentos e supressões.

Também o planejamento estratégico e o respectivo plano de ações, ainda que informais, se constituem em compromisso de gestão, normalmente se realizando em etapas, mediante prioridades, inclusive a depender de conclusões por ordem sequencial para suas respectivas realizações.

O que for estabelecido ao seu cumprimento carece de ser proporcionado ao seu exercício e a sua conclusão. Deve estar atenta à necessidade de frequentes e estratégicas visualizações, bem como a ser regularmente acompanhado, inclusive nas reuniões administrativas.

Atos constitutivos, planejamento estratégico, regimento interno, regulamentações e resoluções administrativas da entidade, e a lei pertinente se complementam, ganham significado e se realizam quando regularmente conferidos.

Neste caso, entra o monitoramento, mediante agenda, o que compreende a expressa definição de um responsável.

Consiste em acompanhar e promover adequado fluxo de execução, cumprimento de prazos, identificação de situações especiais, adequações cabíveis, revisões e mesmo mudanças de estratégias, quando for o caso. Extraordinariamente, implica rever os próprios objetivos e metas estabelecidos, o planejamento estrutural e seus estatutos.

A ação carece de ser motivada ao seu exercício; planejamento, plano de ações, dentre outras deliberações da entidade, e de ordens legais, a serem monitorados.

7
Diagnóstico organizacional

Na constituição de entidade jurídica, em princípio, as deliberações fundamentais se resumem em planejamento estratégico estrutural, incluído estudo de viabilidade, formação dos seus atos constitutivos e regimento interno quando necessário. No seu funcionamento, consequente estrutura funcional e condução, faz-se necessário o estabelecimento de um planejamento de gestão administrativa pelos seus respectivos gestores.

Isso, por si só, dá margem a um bom funcionamento da entidade.

No entanto, é natural que se incida em situações que possam levar a dificuldades, inclusive funcionais. E, de pronto, os sintomas, os efeitos, se manifestam.

Os problemas, ou evidências, sejam de ordem financeira, frequência participativa, constantes urgências, falhas no cumprimento de prazos, desligamento de associados, rotatividade do pessoal de apoio, falhas de comunicação..., são facilmente percebidos pelos gestores, participantes e pelos demais usuários da entidade.

No entanto, na prática, a real identificação das causas dos problemas e de adequadas formas de solução, muitas vezes, ficam pouco perceptíveis, confusas e mesmo ocultas para a própria gestão da entidade.

Nesse caso, uma metódica revisão do planejamento estratégico é relevante recurso para diagnosticar as causas dos problemas e encontrar soluções adequadas.

Ainda assim, muitas vezes, as reais causas dos problemas não são identificadas. Ou deixam de ser reveladas, mesmo que por desconforto ao seu relato e à própria tomada de decisões.

As causas podem estar vinculadas a gestores, associados, lideranças, familiares, funcionários, fornecedores, na displicência da proposta funcional e/ou institucional da entidade, inclusive de comunicação, seja escrita, ou falada, por interesses alheios da entidade, sejam particulares, ou de grupos, interferências externas, corporativas, e propriamente de Estado, inclusive quanto à lei e sua intepretação... E às mais diversas formas até mesmo imprevisíveis, ou inimagináveis, sejam de pessoas, ou não, interna, ou externa da entidade, inclusive de perfil funcional, habilidades, perícia, resistências, omissões, privilégios, treinamentos, proteções...

Portanto, quando a entidade se encontra em dificuldade de funcionamento, em situações confusas inclusive para a tomada de decisões, e mesmo para fins de prevenção administrativa, o que é salutar, pode tornar necessário ou conveniente realizar um diagnóstico organizacional, preferencialmente a ser elaborado por profissional externo à entidade.

A consultoria independente, além da responsabilidade profissional, e por estar munida de perícia, técnica e habilidades consultivas, investe-se em liberdade de iniciativa e de ação. Atua com liberdade e desprendimento nas conclusões, desprovida de critérios e mesmo de possíveis vícios funcionais e de hierarquias, da entidade, bem como de visões de cunho ou interesse pessoal, seja no seu ambiente interno, ou externo, visando a identificar as causas dos problemas, e propor meios e caminhos que julgar necessários, adequados e convenientes, com foco nas finalidades e proposta funcional da entidade, independente dos atores que a integram.

Uma proposição como lema: Identificar, priorizar e resolver as causas dos problemas ao sucesso da entidade.

PARTE DOIS

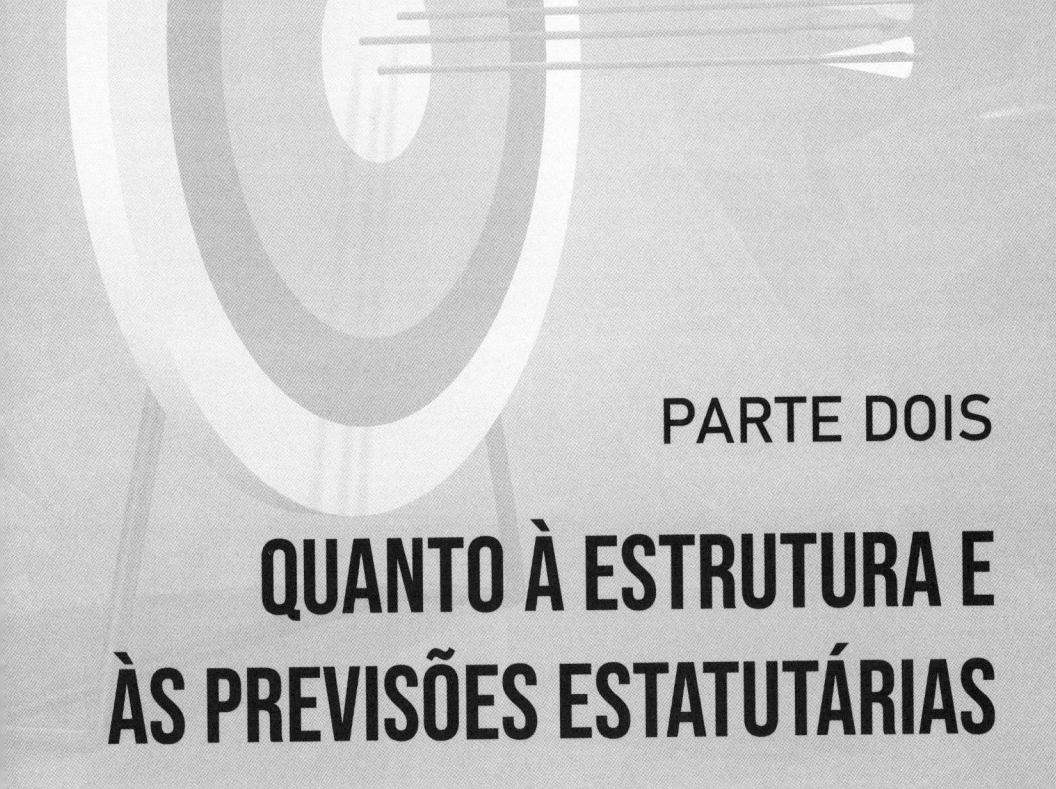

QUANTO À ESTRUTURA E ÀS PREVISÕES ESTATUTÁRIAS

8
Considerações gerais

Diante da natural participação nas entidades, é relevante o conhecimento sobre a essência das matérias que tratam da formação de estatutos, regimentos internos e regulamentações funcionais de entidades, o que, se não diretamente na sua criação, invariavelmente participa na sua aprovação, mesmo que não presente no ato quando o quórum é qualificado, portanto representado e comprometido com o seu teor, e necessariamente na sua efetiva aplicação e observância, como compromisso, inclusive moral, em entidades da sua relação. E inclusive para melhor interagir, propor, providenciar, reconhecer, atuar e se manifestar com propriedade sobre a matéria na formação de mecanismos adequados à convivência humana, dizendo respeito por consequência à própria dignidade e qualidade de vida, por assentar decisões, participações, reconhecimentos, envolvimentos e propriamente atuações fundamentadas em teoria e prática, ainda que por analogias, sobre a matéria, cujos temas tornam-se essenciais e atrativos na convivência humana, sendo imprescindível o conhecimento quanto ao seu significado, que passa a ser percebido quando a matéria é adequadamente tratada, portanto de forma desprovida do excesso de praticidades e abreviações.

Ainda que mais focado em entidades associativas, voltadas a temas de convívio cotidiano nas relações e interações sociais, desprovido de qualquer ideia relativa a modelos, fundamentado no teor da primeira parte deste livro, sempre mediante a necessária observância da lei pertinente, fica aqui disponibilizada uma ideia de formação estatutária, em teoria, além de proposições práticas, o que integra a proposta do teor deste livro, que, sendo seguida possa de alguma forma ser aproveitada, ainda que na condição de analogia.

Portanto, as matérias na sequência tratadas estão na condição de alternativas, especialmente na promoção de reflexão sobre o tema aqui abordado, juntando-se como apoio à entidade regida estatutariamente, o que se encontra discorrido com relevante alcance, e de forma objetiva, ao menos quanto a um considerado conteúdo fundamental relativo ao tema.

Independente de metodologia adotada, é importante visar à objetiva e adequada localização do seu conteúdo no contexto estatutário. Nesse sentido, as matérias relativas a um mesmo assunto devem estar expostas prioritariamente em único tópico, ou sequencialmente, para sua imediata identificação de contexto.

Ainda assim, fica sujeito à vinculação entre artigos, ou tópicos, referentes a matérias relacionadas entre si, o que torna imprescindível sua identificação como chave de comunicação entre os assuntos pertinentes.

Quando na montagem estatutária, para facilitar a formação dos referidos vínculos entre artigos, basta manter em destaque as chaves de comunicação até que definitivamente seja aprovado o seu inteiro teor.

O oficial reconhecimento do estatuto é feito por órgão competente de Estado, portanto ser indispensável de a entidade estabelecer sintonia com este. Inclusive para as formalidades da Assembleia Geral, ao seu legal reconhecimento, a exemplo de:

I – edital de convocação;
II – lista de presença;
III – ata da Assembleia Geral;
IV – forma de apresentação do estatuto;
V – documentação e identificação que se fizerem necessárias; e
VI – outras exigências legais.

9
Uma alternativa sumária

Inicialmente, é imprescindível a formação de uma estrutura sumária adequada à dimensão da entidade e ao contexto do conteúdo a ser tratado no estatuto. Inclusive de metodologia.

Uma formação de estrutura sumária:

Capítulo I
Da Denominação, Natureza, Duração, Abrangência, Finalidade, Sede e Foro

Capítulo II
Da Missão, Visão, Função Social, Princípios e dos Propósitos

Capítulo III
Dos Associados

SEÇÃO I
DA CATEGORIA DE ASSOCIADOS
SEÇÃO II
DA ADMISSÃO DE ASSOCIADOS
SEÇÃO III
DAS PRERROGATIVAS DOS ASSOCIADOS
SEÇÃO IV
DAS OBRIGAÇÕES DOS ASSOCIADOS
SEÇÃO V
DO DESLIGAMENTO E DAS SANÇÕES DOS ASSOCIADOS

Capítulo IV
Dos Poderes, Mandatos e Funcionamento

SEÇÃO I
DA ASSEMBLEIA GERAL
SEÇÃO II
DO CONSELHO DELIBERATIVO
SEÇÃO III
DA DIRETORIA EXECUTIVA

SEÇÃO IV
DO CONSELHO FISCAL

Capítulo V
Das Eleições

SEÇÃO I
DAS DISPOSIÇÕES GERAIS DAS ELEIÇÕES
SEÇÃO II
DA POSSE
SESSÃO III
DA PERDA DO MANDATO

Capítulo VI
Do Patrimônio

SEÇÃO I
DA NATUREZA DAS FONTES DE RECURSOS
SEÇÃO II
DAS DESPESAS

Capítulo VII
Do Regime Financeiro, Livros Fiscais e Contábeis

Capítulo VIII
Dos Departamentos, Setores, Comitês e Comissões

Capítulo IX
Dos Títulos Honoríficos

Capítulo X
Das Disposições Gerais, Especiais, Transitórias e Finais

SEÇÃO I
DAS DISPOSIÇÕES GERAIS
SEÇÃO II
DAS DISPOSIÇÕES ESPECIAIS
SEÇÃO III
DAS DISPOSIÇÕES TRANSITÓRIAS
SEÇÃO IV
DAS DISPOSIÇÕES FINAIS

10
Identidade, funções e finalidades

Trata-se de fundamentais requisitos indicativos na personificação da entidade jurídica.

É na parte inicial dos estatutos que naturalmente se buscam essas informações.

Inicialmente cabe a intitulação do ato, o qual deve expressar o alcance a que se refere. Pelo ato da constituição da entidade, basta a identificação de "estatuto social".

No entanto, quando de sua alteração, é importante constar como instrumento *consolidado*, ao afirmar que todos os termos estatutários estão contidos no ato, bem como a numeração sequencial da alteração a que se refere.

Como exemplo, inclusive servindo como folha de rosto:

ESTATUTO SOCIAL
Consolidado
PRIMEIRA ALTERAÇÃO ESTATUTÁRIA
NOME DA ENTIDADE
Local e data de sua aprovação

Essas informações, por si sós, formam uma ideia do alcance do seu conteúdo.

10.1 Identidade

Sendo identidade o caráter de identificação, e múltiplos os meios e as formas de fazer identificar, ao menos legalmente, alguns fatores são fundamentais, legais e mesmo necessários na formação de entidade jurídica.

Independente de nomenclaturas, legalmente, o nome ou denominação da entidade, associado ao seu respectivo registro no órgão próprio, se torna o principal elemento de identificação da sua personificação.

A denominação vigente da entidade é importante constar em destaque, para sua prática visualização.

Na sequência, suas adicionais informações identificativas consideradas fundamentais, inclusive de ordem legal, tais como:

I – sigla e/ou nome fantasia, quando utilizado;
II – endereço completo da sua sede e foro;
III – data de sua fundação;
IV – número e data do registro dos seus atos constitutivos, bem como ao menos o cadastro no órgão de arrecadação federal, quando já existentes;
V – a forma como a entidade é regida, referindo-se ao seu estatuto e à lei vigente;
VI – caráter da entidade, se privado ou não;
VII – natureza da entidade, a exemplo de associativa, fundacional, sindical..., representativa, não governamental ou governamental, com ou sem finalidade lucrativa;
VIII – personalidade jurídica, se própria e distinta dos seus associados e instituidores e se por prazo indeterminado ou data estabelecida de seu término;
IX – abrangência territorial, se for o caso;
X – quanto à sua formação e/ou composição, a exemplo de categoria profissional, trabalhadora, ramo empreendedor, segmento social, habitantes de uma determinada região; e
XI – indicação da forma como será denominada nos termos seguintes do estatuto, quando possível, para a sua simplificada menção.

Quanto ao uso de "título de estabelecimento" (nome fantasia, ou sigla), opcional, também é legalmente reconhecido uma vez constando em seus atos constitutivos. Como analogia, nome fantasia equivale a um apelido quanto à pessoa física. É conveniente quando efetivamente facilita e agrega identificação à entidade.

Ainda, e quando for o caso, na sequência, a identificação da criação de filiais ou unidades descentralizadas da matriz, para identificação da dimensão da entidade.

10.2 Funções e finalidades

O que a entidade se propõe a fazer como função, seu campo de ação, atividade a ser exercida são elementos vitais a constarem em seus atos constitutivos. E de forma inequívoca, pois, não sendo previstas e sendo exercidas, serão compreendidas como atividades não operacionais, ou seja, fora da sua proposta função legalmente autorizada. Também se faz necessário para fins de acessar, bem como para preservar o seu pretendido enquadramento tributário e possíveis benefícios fiscais.

Atividades não operacionais ficam sujeitas a tratamento tributário específico e propriamente a autuações de ordem legal.

Funções e finalidades, associadas ao nome da entidade, se constituem em elementos de cotidiana identificação.

Dentro da alternativa metodológica aqui proposta, o que constar da entidade nos seus estatutos sobre essas identificações propõe seja descrito em único artigo para sua visualização de contexto.

E se torna dispositivo para destaques, visualizações, a exemplo de *banner* e meios eletrônicos, como elementos essenciais para fins de comunicação e identificação da entidade.

Como exemplo, descrever sinteticamente que a entidade terá como:

MISSÃO
VISÃO
FUNÇÃO SOCIAL (sintética)
PRINCÍPIOS
PROPÓSITOS

Quando a visão e os princípios forem descritos no estatuto, é conveniente constar em dispositivo de parágrafo ou artigo imediato a este que a entidade poderá, por meio de seus poderes competentes, independente de modificação estatutária, alterar sua visão e seus princípios, mantendo como registro histórico. Isso decorre de ser matéria mais suscetível de modificação, evitando alteração estatutária.

Da mesma forma, em dispositivo imediato, constar o detalhamento de suas funções, o que é tratado na sequência.

10.3 Funções específicas (detalhamento)

Visando a expressa e inequívoca identificação do contexto da função social, sempre que julgar necessário, ou conveniente, inclusive perante o setor público, e propriamente como desafio ao seu exercício, também ser descrita de forma específica como detalhamento, prioritariamente em parágrafo sequencial da descrição sintética quanto à missão, visão, função social, princípios e propósitos, conforme já anteriormente tratados.

Reiterando se tratar de funções, atividades a serem exercidas, e não propriamente de finalidades (objetivos fins) como efeitos pretendidos decorrentes das funções.

Nesse sentido, ser de alguma forma descrito que, em detalhamento da sintética função social, no que lhe convier e legalmente couber, a entidade terá como possibilidades de atuação nas funções específicas que descrevem na sequência.

Independente de contexto e forma descrita, e ainda que alguma das alternativas esteja na orientação da lei, seguem alguns exemplos, como detalhamento de funções, dentre outras cabíveis.

Numa associação comunitária, tendo como função social descrita sinteticamente como "prática de esporte amador, e recreação":

I – organizar e realizar prática de esporte amador, de cultura da comunidade;

II – promover festividades, atrações e difusões culturais; e

III – promover integração e convívio com outras entidades comunitárias.

Numa entidade de categoria profissional tendo como função social descrita sinteticamente como "atuar na defesa, promoção, reconhecimento e valorização da referida profissão":

I – exercer a representação legal da referida classe profissional quanto em sua área de abrangência;

II – estabelecer referências de custos e honorários profissionais da categoria;

III – conhecer, estudar, investigar, propor, coordenar, proteger, defender e monitorar soluções relacionadas à referida área profissional;

IV – interagir e interceder junto às autoridades e instituições competentes, relativamente aos objetivos da entidade e respectiva categoria profissional;

V – promover geração, aperfeiçoamento e difusão de políticas públicas, inclusive de fiscalização, na evolução, desempenho e aperfeiçoamento no exercício da categoria profissional;

VI – servir de elo, congregação, assessoramento e fonte de consulta sobre a referida área do conhecimento;

VII – promover, realizar e apoiar a realização de congressos, convenções, fóruns, seminários, conferências, palestras, painéis de debates, cursos e estudos técnicos, atividades educativas, sociais, esportivas, recreativas, de confraternização e culturais;

VIII – divulgar e orientar, no que couber, sobre os benefícios no desenvolvimento econômico e social gerado pelo exercício da referida função profissional;

IX – proporcionar canais de comunicação, cooperação e apoio recíproco com entidades afins;

X – contribuir na definição de grades curriculares, e critérios metodológicos, nas universidades, escolas, cursos, seminários e treinamentos, relacionados ao conhecimento da referida área profissional;

XI – promover, sempre que possível ou julgar conveniente, junto à sociedade, mesmo que por meio de instituições públicas ou privadas, realização de cursos, palestras, treinamentos, ações de caráter social ou beneficente, sobre matérias de interesses coletivos relacionados ao conhecimento da referida área profissional;

XII – agir como órgão de colaboração com os poderes públicos, bem como com outras entidades, em especial aquelas afins da sua formação;

XIII – editar boletins, revistas, jornais, bem como outras publicações de seu interesse, nos parâmetros da lei;

XIV – promover e instituir mecanismos de preparo e acesso à efetiva atuação dos novos profissionais no mercado, no que compreende o mais amplo universo das funções que a titulação profissional lhe confere;

XV – motivar assento da entidade no debate e na participação junto a entidades públicas e privadas, relativamente à função social da entidade;

XVI – apontar, denunciar e interagir em situações que possam indicar adversidade aos objetivos da entidade; e

XVII – promover e motivar a geração e difusão de bibliografia relativa à especialidade profissional, e afins, bem como o enriquecimento do acervo bibliográfico, em especial no âmbito de sua abrangência.

Numa entidade com função social descrita sinteticamente de "preservar e promover a qualidade de algum produto específico, ou linha de produto", além do cabível já acima relacionado:

I – funcionar como fórum permanente de intercâmbio e análise de informações;
II – promover geração, aperfeiçoamento e difusão de tecnologias, visando ao aperfeiçoamento dos processos e mecanismos de produção;
III – reconhecer a geração de tecnologias coordenadas pela entidade, bem como aquelas da responsabilidade de seus autores, quando julgar conveniente; e
IV – divulgar e orientar, no que couber, sobre os benefícios na saúde, no desenvolvimento econômico e social decorrente da função da entidade.

A análise dessas exemplificações deixa evidente a importância de uma definição sintética da função social da entidade, para sua fácil comunicação, bem como do seu detalhamento ao exercício.

11
Parte associativa

A composição associativa se dá por meio de pessoas físicas, jurídicas, ou de ambas.

O visado público de associados ganha inúmeras formas de identificação e definição. Exemplos:

I – moradores em determinado território;
II – faixas etárias;
III – práticas esportivas;
IV – segmentos produtivos;
V – classes laborais; e
VI – categorias profissionais.

A clara, expressa e inequívoca identificação do universo, possibilidades e formas de participação como associado são fatores determinantes e necessários na formação, funcionalidade, êxito e continuidade da entidade associativa. Inclusive no coerente grau de alcance e efetivo envolvimento do público esperado.

11.1 Categorias de associados

A entidade pode criar diversas categorias de associados, sob as mesmas prerrogativas e obrigações, sendo passível de distinções para situações pontuais, especiais, na observância da lei.

Quando criadas prerrogativas próprias entre categorias de associados, há de ser, no sentido de visar a harmonia e a melhor consolidar sua proposta funcional.

Dentre outras situações atípicas, pode tornar-se necessário quando da existência de associado pessoa física e também pessoa jurídica, especialmente por questões de representatividade, forma de participação nos poderes, inclusive quanto ao chamado "peso do voto".

Como opção de categoria, sendo única, pode ser intitulada simplesmente de associados, ou associados profissionais, se for o caso. Quando a entidade optar por mais de uma categoria, também como exemplo, associados pessoa física e associados pessoa jurídica, quando assim a entidade se compõe.

Na criação de mais de uma categoria de associado, que seja apenas o necessário e o bastante meritório de classificação específica.

No que tange aos idealizadores e/ou fundadores, em princípio, compreende-se como sendo fatos de caráter histórico da entidade. Idealizadores são aqueles que promoveram sua fundação e fundadores, os que efetivamente fundaram a entidade, que, normalmente, são os mesmos.

Assim, nem todo idealizador pode ter sido fundador, ou seja, associado pelo ato da fundação da entidade.

Quanto aos fundadores, por efetivamente terem sido os criadores da entidade, é indispensável sua identificação. Ou seja, dizer quais foram os sócios que fundaram a entidade. No entanto, sem necessariamente com isso criar categoria própria de associado fundador.

Constando no estatuto, como alternativa metodológica, descrever em parágrafo, ou artigo próprio, podendo ser em tópico específico, conforme sugerido no item 18.2.1, parte dois, deste livro. Ou mesmo em parágrafo, ou artigo imediato ao da criação da categoria de associado.

Da mesma forma os beneméritos e os jubilados, dentre outras nomenclaturas, como detentores de honrarias, relativo a comendas. Sob essa óptica, convém se prevenir para a possibilidade de a entidade conceder essas honrarias, sem necessariamente com isso criar categorias próprias de associado, conforme se sugere no item 17, parte dois, deste livro.

Parte-se do princípio de que ser associado é opcional, portanto do seu próprio interesse, enquanto honrarias são concedidas por deliberação da entidade, como forma de reconhecimento, condecoração.

Pode ser que nem todos os homenageados como destaque tenham interesse em ser associados, pois, ainda que de cunho moral, gera comprometimento, ao menos de participação.

Quem se insere numa categoria de associado, ao sair, independente da forma, efetivamente deixa de ser associado.

Personagens de atos históricos, a exemplo dos associados que fundaram a entidade, e detentores de reconhecimentos honrosos, a exemplo de benemérito, estão para serem permanentes.

E qual seria o conforto de um associado pedir seu desligamento de sócio benemérito, por exemplo, quando por essa condição de honraria tiver sido admitido como associado... Também se a entidade lhe atribuir punições, inclusive de exclusão de associado...

Em observância ao princípio da continuidade, toda categoria de associado que for criada se espera estar, para sua permanência, com efetiva composição de membros, ou, ao menos, com real possibilidade contínua quanto a sua composição.

Associado fundador pessoa física é de existência temporária pela própria natureza humana. Também passível de ser temporária quando pessoa jurídica, a qual decorre da deliberação humana.

Cada associado pode desligar-se, ser desligado, incidir em *de cujus* quando pessoa física, e mesmo ser extinto, quando pessoa jurídica.

A distinção de categoria de associados, com fatos históricos e honrarias, é importante inclusive para dar clareza em relação à quantidade de associados vigentes, à quantidade de votos possíveis, e propriamente na identificação de associados para a formação de quórum suficiente nos atos deliberativos da entidade.

Nesse sentido, idealizadores ou fundadores e detentores de qualquer honraria destoam de categoria própria de associado.

Ser instituidor, idealizador, fundador, bem como, ter recebido expresso destaque honroso é uma condição adquirida num momento estático, único. Trata-se de condições vitalícias, intransferíveis, portanto típicas de relatos históricos, de títulos honoríficos, e não propriamente de categoria de associados.

11.1.1 *Mudança da categoria de associados*

No caso de a entidade incorrer em modificação quanto à categoria de associados, a exemplo de pessoa física para jurídica, ou vice-versa, faz-se necessária a expressa identificação do seu novo quadro vigente de associados pelo ato da sua aprovação.

A entidade associativa se constitui por ato dos seus fundadores e existe por seus associados vigentes.

11.2 Admissão de associados

Uma vez claramente definidos e visados o público associativo e as categorias de associados, torna-se fácil sua identificação, busca e admissão. Também gera previsão quanto à quantidade de associados e à própria logística funcional da entidade.

Ainda assim, cabe expressa definição dos requisitos e procedimentos que a entidade julgar necessários, convenientes e primordiais para admissão. Inclusive em contemplar o alcance do visado público esperado e seu envolvimento, fonte vital ao vigor, ao fortalecimento e à continuidade da entidade.

Exemplos de requisitos:

I – requerimento do interessado, dirigido ao Diretor-Presidente da entidade;
II – documento de identidade;
III – cadastro de pessoa física junto ao órgão arrecadador federal (CPF);
IV – comprovante de endereço; e
V – comprovação de categoria profissional, quando for o caso.

Para fins de autonomia deliberativa nas adequações que se fizerem necessárias, é importante prever que outras exigências poderão ser estabelecidas em regimento interno, ou por deliberações dos poderes competentes da entidade.

11.3 Prerrogativas dos associados

Trata-se de faculdades, e/ou possibilidades, que a entidade oferece aos associados para o seu exercício.

E, como condições suficientes, por serem condicionadas ao cumprimento de obrigações, a exemplo de regularidade financeira e disciplinar. Inclusive em revestir a condição de associado.

Exemplos de prerrogativas dos associados perante a entidade:

I – participar das Assembleias Gerais e votar mediante voto pessoal e direto, sendo vedado o voto por procuração, e desde que:

a) esteja devidamente associado a esta entidade até a data da publicação do edital de convocação;
b) não esteja em vigência de sanções; e
c) esteja em situação financeira regular perante a entidade, tempestiva e devidamente comprovado perante a tesouraria;
– até a data permitida para formação de chapa concorrente ao pleito;
– pelo ato da assinatura da lista de presença na sessão quando a eleição for realizada em ato presencial; e

– no ato da assinatura da lista de presença na sessão para as demais pautas da Assembleia Geral.

II – ser votado, desde que:

a) esteja habilitado para votar, conforme acima estabelecido;

b) seja associado por pelo menos seis meses, na data estabelecida para a realização das eleições, na forma do edital de convocação;

c) não acumule cargos eletivos da entidade;

d) não esteja exercendo ou concorrendo, de forma concomitante, a cargos públicos eletivos; e

e) incida no máximo em uma reeleição consecutiva ao cargo de Diretor-Presidente;

III – frequentar a sede e locais de interação da entidade;

IV – participar nas atividades sociais, técnicas, desportivas, recreativas e culturais;

V – utilizar serviços e possíveis benefícios que forem oferecidos pela entidade;

VI – receber certificações, distinções, dentre outras comprovações e personalizações que forem instituídas;

VII – ter acesso à documentação e à informação das deliberações feitas pelos seus poderes, na forma do estatuto;

VIII – pedidos de informações;

IX – interpelações;

X – apresentar trabalhos e proposições, inclusive técnicos, relativos aos objetivos da entidade;

XI – desligamento voluntário do quadro de associados; e

XII – sua defesa, nos termos estatutários e da lei.

Quanto ao exercício de votar, no caso de ser obrigatório, deve constar no rol das obrigações dos associados, ainda assim estando sujeito à sua regularidade perante a entidade, sob pena de sanções determinadas.

11.3.1 *Habilitação para votar*

Cabe a observação de que o exercício de votar refere-se para todas as pautas da Assembleia Geral, quando assim estabelecido, e não apenas quanto ao processo eleitoral, portanto a ser tratado como prerrogativa, ou obrigação, mediante requisitos, conforme já acima sugerido. Para fins de melhor organizar o pleito eleitoral, por exemplo, a entidade pode estabelecer critérios diferenciados para o exercício do voto. No entanto, é conveniente que as prerrogativas sejam tratadas num único tópico, para sua melhor clareza, identificação e compreensão.

11.3.2 *Quanto à elegibilidade*

A entidade pode estabelecer prerrogativas próprias para o associado participar do pleito como candidato, a exemplo de um período mínimo de tempo de associado para o cargo de Diretor-Presidente da entidade.

Também, dada a dimensão do pleito, a entidade pode estabelecer igual prazo, ou diferenciado, em relação ao exercício de votar, para fins de provar sua regularidade como candidato.

Quando a entidade tiver como associado pessoa jurídica, sempre em observância e sintonia com a estrutura dos poderes que forem criados, pode-se fazer necessário o estabelecimento de critérios próprios quanto à forma e às possibilidades de a entidade associada participar na sessão, a exemplo de ser pelo seu Presidente.

11.4 Obrigações dos associados

Em qualquer entidade representativa e, portanto, coletiva, o estabelecimento de obrigações aos seus participantes se reveste em objeto essencial ao seu funcionamento, inclusive com vistas ao encontro do verdadeiro espírito da solidariedade.

Naquelas informais, apenas de fato, também se estabelecem obrigações ao seu funcionamento, escrito, ou verbal.

O próprio ingresso e permanência de associado, sua motivação, disposição e satisfação são possíveis quando da existência de obrigações dos seus participantes.

É passível de realização a missão da entidade em que seus integrantes estejam sujeitos a expressas obrigações.

Entidade jurídica, na prática, se resume em oportunidades, e compromissos. Benefícios, por consequência.

Propriamente o nome da entidade, sua função, território de abrangência, alcance representativo, bem como suas finalidades e princípios ganham o caráter de obrigação a ser seguida e defendida pelos seus integrantes.

No estabelecimento de obrigações, sugere-se criteriosa análise sobre os mais diversos fatores da entidade, constando somente o que for considerado como fundamental, sempre visando ao seu adequado funcionamento e ao efetivo exercício da sua função social, de onde gera os efeitos pretendidos. E que seja plenamente possível o seu cumprimento, possibilitando a participação do seu público esperado.

Portanto, o que for considerado passível de modificação, ou de exclusão, deve ser objeto de deliberações posteriores dos atos constitutivos, a exemplo de Regimento Interno.

Exemplos de obrigações a serem previstas em estatuto, no que couber:

I – cumprimento das disposições estatutárias, bem como aquelas regimentais, dentre outras regulamentações, quando existentes;

II – colaboração voluntária no desenvolvimento das atividades da entidade;

III – honrar com seus compromissos financeiros perante a entidade;

IV – participar, sempre que possível, nas atividades da entidade que visem ao aprimoramento técnico-científico, funcional, organizacional, esportivo, cívico e social;

V – imediata atualização do seu cadastro pessoal perante a entidade;

VI – comunicação aos seus poderes competentes quanto à identificação de situações que possam causar dano à entidade;

VII – conduta moral;

VIII – prestígio, zelo e comprometimento com a função social da entidade, suas finalidades, visão e princípios, bem como em relação ao bom nome, símbolos, nomenclaturas, marcas, titulações, uniformes e homenagens recebidas e/ou concedidas pela entidade, sempre que existentes;

IX – zelo com o patrimônio da entidade;

X – votar nas eleições (se for opcional, ainda que prioritário, constar nas prerrogativas dos associados); e

XI – respeitar e honrar as deliberações dos poderes da entidade.

Vale o mesmo quando a entidade é formada por outras entidades jurídicas, em relação a previsões obrigacionais, quando for o caso, e no que couber, dentre outros fatores que julgar conveniente:

I – atuar em sintonia com as iniciativas e resoluções tomadas pelos poderes da entidade representante;

II – dar conhecimento imediato quanto aos seus atos constitutivos e complementares, inclusive ata das assembleias e composição dos membros dos seus poderes;

III – constar em seus impressos, dentre outros dispositivos visuais, a logomarca da entidade representante, e seu vínculo associativo;

IV – regular cumprimento de escrituração técnico-contábil, conforme orientação da lei;

V – regular cumprimento de ordens legais, inclusive tributárias, previdenciárias, trabalhistas, cadastrais, dentre outras;

VI – exercer iniciativas funcionais cabíveis quanto à competência de sua abrangência, na isonomia do papel a ser desempenhado por parte de cada entidade integrada; e

VII – difusão, junto a seus respectivos associados, das deliberações da entidade representante.

11.5 Desligamento e sanções de associados

É da cultura e mesmo da própria natureza humana a necessidade do estabelecimento de sanções como imposições ao cumprimento de ordens legais, valendo o mesmo para o cumprimento daquilo que for estabelecido estatutariamente.

Isso se faz necessário inclusive em respeito a cada um dos integrantes associados, e demais usuários, da entidade, para o cumprimento do que for proposto e esperado como obrigação.

Sanções, quando previstas em atos constitutivos da entidade, prioritariamente no estatuto, em princípio, inibem a incidência de causas e dão legitimidade a sua aplicação.

Dada a subjetividade e a relevante imprevisão quanto a fatos e incidências que levam a sanções, o julgamento da gravidade, o enquadramento punitivo e a efetiva aplicação, convém que seja atribuído ao poder da entidade que for considerado como conveniente, determinado estatutariamente.

Cabe, no entanto, estabelecer as situações que a entidade considera como sujeitas a sanções. Dentre outras, e independente de serem previstas em lei, a exemplo de:

I – infringir disposição estatutária;

II – incidir em procedimento indigno ou conduta em desacordo aos bons costumes, nas dependências e ambientes de interação da entidade, ou fora deles suscetível de causar danos morais ou materiais à entidade;

III – ter condenação pública por crime doloso, com trânsito em julgado da ação penal;

IV – ter condenação por atentado contra a integridade da pátria ou contra instituições do país;

V – estar em débito com a tesouraria da entidade; e

VI – realizar manifestações públicas contra a entidade, ou que a esta possa atingir, independente da forma.

É também de se prever a forma de enquadramento punitivo, a exemplo de natureza leve, média, ou máxima.

Exemplos de enquadramento, conforme natureza e forma de aplicação de sanções:

I – advertência: no caso de natureza leve, aplicada verbalmente;

II – suspensão: no caso de natureza média, aplicada por escrito (indicar o possível intervalo de tempo estabelecido); ou até a regularização dos débitos, quando por isso tenha dado causa à suspensão; e

III – exclusão: no caso de pena máxima, aplicada por escrito, que, dentre outras situações, fundamentadas nas situações conforme já acima previsto, quando decorrente de condenação pública por crime doloso, com trânsito em julgado da ação penal; de estar condenado por atentado contra a integridade da pátria ou contra instituições do país; ou de estar em débito com a tesouraria a partir de determinada inadimplência, devidamente estabelecida.

Quanto à sanção de exclusão, estima-se tratar-se de pena máxima na esfera administrativa de entidades associativas.

Também, quando integrante associado pessoa jurídica, no caso de exclusão, dentre outras previsões, por exemplo, de se prever quanto a vedações de uso do nome e marcas da entidade, ou que com estas se possam confundir.

Complementarmente, alguns critérios são considerados relevantes a serem previstos quanto a sanções:

I – a aplicação de sanção, inclusive por multas, não desobriga do cumprimento das obrigações a que esteve sujeito e ainda não cumpridas;

II – quando a infração deve ser apurada por meio de procedimento disciplinar, a exemplo de causar danos morais ou patrimoniais;

III – possibilidade, condições e forma de reintegração ao quadro social, quando precedido de exclusão;

IV – continuidade, limitação ou vedação de acesso aos benefícios e/ou prerrogativas, decorrentes de sanções;

V – formalização documental da efetiva aplicação de sanções, a exemplo de ser em documento próprio, livro, ou ata; e

VI – quanto a ser passível ou não de publicidade, e respectiva competência para autorização.

É imprescindível estabelecer requisitos, caminhos, prazos, forma e estágios de recurso e/ou defesas administrativas, especialmente quando mediante procedimento disciplinar. Isso possibilita tornar conclusiva a deliberação dos fatos num previsto determinado intervalo de tempo, ao menos no âmbito da entidade. Como exemplo, que o procedimento disciplinar deverá ser instaurado mediante comunicação expressa ao associado, indicando a incidência dos atos cometidos, sendo que:

I – o associado terá determinado prazo para, querendo, apresentar defesa prévia por escrito, mediante protocolo;

II – após o decurso do prazo estabelecido, independentemente de apresentação de defesa, a representação será decidida em reunião da Diretoria Executiva, por maioria simples de votos dos membros presentes na sessão que, sendo mantida a decisão pela exclusão, será encaminhada para as deliberações do poder competente da entidade;

III – de forma preventiva, a Diretoria Executiva poderá aplicar suspensão, sem prejuízo dos posteriores procedimentos de exclusão; e

IV – não caberá defesa, no âmbito da entidade, da decisão da Assembleia Geral.

Ainda, e prioritariamente em parágrafo ou artigo imediato para visualização de contexto, que os associados, mediante regularização de seu débito quando tenha dado motivo a sua exclusão por falta de pagamento, bem como após terem sido publicamente reabilitados, aqueles que forem excluídos do quadro de associados em decorrência de condenação de ordem legal, conforme já acima citado, poderão ser readmitidos por deliberação do poder competente da entidade.

12
Formação dos poderes

Na formação dos poderes de entidade associativa, dentre outros fatores, e no que couber, determina-se, em relação à quantidade de pessoas que esteja representando ou proposta a representar, a natureza da composição do seu quadro social, se pessoas físicas, jurídicas, ou ambas, sua proposta funcional, e propriamente quanto a seu possível território de abrangência. Portanto, em relação ao contexto da entidade, podendo inclusive se tornar necessária a criação de um Conselho Consultivo.

Como exemplo de formação de poderes, e independente de nomenclaturas: Assembleia Geral; Conselho Deliberativo ou equivalente (quando conveniente); Diretoria Executiva; e Conselho Fiscal.

Da importância em tornar expressa a obrigação da iniciativa ao exercício das funções pertinentes por parte de cada membro dos poderes eletivos da entidade, a exemplo de caber, a cada um dos membros eleitos da entidade, a observância e realização tempestiva de suas respectivas funções e responsabilidades estatutárias.

A atribuição de competências para cada poder depende do contexto dos poderes da entidade. Quanto maior a estrutura dos poderes, mais as atribuições se distribuem.

Independente da quantidade de poderes que forem criados, cabe identificar e delimitar adequadamente as atribuições que forem consideradas convenientes de fazê-las mediante deliberação de poder colegiado, bem como na sua coerente hierarquia.

Deliberações, quando colegiadas, se tornam objeto de uma terceira pessoa, e de caráter jurídico, ao respaldo do seu público. E, ao conforto dos seus membros, por tratar-se de resultado decorrente de posicionamentos individuais, mediante quórum suficiente na forma do estatuto.

Cargo, ou função, cria-se para o exercício de um papel permanente a ser exercido independente de quem esteja na sua composição. Poderes de uma entidade são institucionais e permanentes; a ocupação dos cargos, transitória.

Quanto ao papel a ser exercido para fins de julgamento e arbitramento, distribui-se de forma conveniente aos poderes constituídos, seja para deliberação colegiada, ou propriamente ao gestor da entidade, ao coordenador das eleições quando constituído, por exemplo, na forma em que o estatuto determinar.

É imprescindível o estabelecimento de critérios a serem seguidos por parte de cada um dos poderes colegiados, nas suas deliberações, a exemplo de:

I – serem por maioria simples dos votos, não computados os votos brancos, nulos e as abstenções, cabendo ao Presidente da sessão, no caso de empate, o voto de qualidade; e

II – se por escrutínio secreto, ou por aclamação.

Podem, num mesmo poder, constar critérios próprios de votação para fins de pautas específicas.

A expressa previsão de frequência mínima tolerável nas reuniões dos poderes eletivos, salvo mediante plausível justificativa, em que, a partir de então seja declarado vago o cargo, promove participação, com efetiva e adequada formação de quórum, ao respaldo das decisões.

Também é muito importante o estabelecimento de critérios quanto à ocupação de cargos em caso de substituição ou vacância, por membros já eleitos, no sentido de objetivar e facilitar as deliberações de gestão, a exemplo de o suprimento de cargos por membros já eleitos, em caso de vacância, se dar pelo ato da efetiva confirmação da ocorrência, por deliberação do poder competente da entidade, constando em ata, sendo que as renúncias deverão ser declaradas por escrito e dirigidas ao Diretor-Presidente, as quais uma vez reconhecidas terão caráter irrevogável e irretratável.

Além da Assembleia Geral, a qual requer maiores detalhamentos, também é necessário o estabelecimento dos critérios das reuniões dos demais poderes, normalmente estabelecida com frequência mínima, a exemplo de mensal da Diretoria Executiva e anual do Conselho Fiscal, dentre outros essenciais critérios de realização, a exemplo de:

I – forma de convocação;

II – competência para convocação;

III – prazos de convocação;

IV – sequência e intervalos de convocação;

V – pautas ordinárias quando for o caso, a exemplo da movimentação financeira nas reuniões da Diretoria Executiva;

VI – forma de aprovação;

VII – formação de quórum suficiente;

VIII – frequência mínima dos membros titulares, sob pena de vacância do cargo a partir de determinada quantidade de faltas, salvo quando mediante justificativa convincente; e

IX – a indispensável comprovação de presença (lista de presença), inclusive para a confirmação de quórum.

A previsão estatutária de caber ao Presidente da cessão o voto qualificado no caso de empate promove efetiva capacidade decisória em cada sessão. Para as matérias em que não for estabelecida quantidade mínima de votos para sua aprovação, ou que esteja expressamente determinado o critério para desempate, carece do voto qualificado do Presidente da sessão.

Convém expressa previsão que, enquanto no exercício estatutário de sua função, sempre que tempestivamente presente no início dos trabalhos de atos colegiados da sua competência, cabe ao seu Presidente o exercício da condução da sessão, ainda que não tenha sido por ele formalizada sua convocação.

Quanto à competência de cada poder, bem como individualmente de seus membros, em especial da Diretoria Executiva, sendo descritos em tópico específico para cada um deles, evita repetições e objetiva sua identificação.

Quando da existência de membros suplentes nos poderes eletivos da entidade, em especial da Diretoria Executiva e do Conselho Fiscal e previsto que a reunião de cada um destes poderes se compõe por todos os seus membros, inclusive suplentes, gera envolvimento, acompanhamento e conhecimento de causa, até mesmo para no caso da incidência de acessar a titularidade do cargo. É salutar para a integração e inteiração no contexto da entidade. Fortalece o poder decisório pelo contexto de representatividade em cada poder e facilita na formação de quórum. Ainda, por consequência, prepara melhor os integrantes para a composição de cargos em novas gestões, e propriamente para o conforto moral de todos os seus membros, pela participação ativa no poder.

Nesse caso, estabelecem-se adequadamente as obrigações dos membros titulares, inclusive em diferenciar suas obrigações em relação às dos suplentes, em cada poder. Como exemplo, de a frequência mínima obrigatória dos membros titulares ser devidamente estabelecida, quando, a partir de então, passa a incidir na vacância do cargo, salvo mediante justificativa convincente.

12.1 Assembleia Geral

Assembleia Geral é o poder máximo e primordial de uma entidade associativa.

São soberanas suas deliberações naquilo que não contrariar as disposições da lei e do seu estatuto, nessa ordem. E convém, em seus atos constitutivos, de alguma forma constar essa previsão.

A lei supre e corrige equívocos de previsões estatutárias.

Pode que o papel da Assembleia Geral seja determinado exclusivamente para eleger os membros dos poderes. Ou apenas do seu poder imediato, a exemplo do Conselho Deliberativo, e quando existente, cabendo a este eleger a Diretoria Executiva e o Conselho Fiscal, o que estatutariamente se determina pela conveniência da entidade.

Quando estabelecido que a Assembleia Geral somente possa tratar de matéria que conste na pauta do edital de convocação disciplina sua realização.

Também, e ainda que assim naturalmente subentendido, é importante constar expressamente que as deliberações da Assembleia Geral mediante quórum qualificado são de alcance deliberativo a todos os associados, independente da sua presença na sessão. Isso inclusive para motivar a participação.

12.1.1 *Composição da Assembleia Geral*

A composição da Assembleia Geral deve ser de inequívoca clareza estatutária.

São inúmeras as formas de a entidade compor sua Assembleia Geral. Exemplos:

I – pelo contexto dos associados considerados habilitados a votar;

II – pelo contexto dos representantes das associadas entidades pessoas jurídicas consideradas habilitadas a votar, quando assim formado o seu quadro de associados; e

III – por um colegiado, portanto, representativo dos associados.

Em princípio, a Assembleia Geral somente é formada por um colegiado representativo quando da existência da categoria de associados pessoas físicas, e também por associados pessoas jurídicas por representarem um contexto de pessoas, com vistas à equivalência do voto, ou por questões logísticas, a exemplo de dimensões territoriais.

12.1.2 *Competências da Assembleia Geral*

As competências atribuídas à Assembleia Geral devem ser no sentido de estabelecer garantias decisórias fundamentais, estruturais e diretrizes à essência do que a entidade se constitui e atribuindo-lhe competência para modificá-las.

Trata-se do que seja visto como conveniente ou necessário a ser exclusivamente objeto de deliberação por parte do poder decisório máximo da entidade.

Na estrutura dos poderes aqui apresentada, além das previsões legais quando existentes, e ainda que esteja nesse contexto, seja passível de a entidade estabelecer como atribuições da Assembleia Geral, dentre outras, e desde que não estejam previstas da competência de outros poderes, a exemplo de Conselho Deliberativo quando existente:

I – eleger os membros dos poderes da entidade, inclusive no preenchimento de cargos vagos;

II – deliberar sobre balanços, demonstrações financeiras e relatório anual de atividades, relativos à prestação de contas;

III – aprovar orçamento anual, inclusive contribuições dos associados;

IV – emendar, alterar ou reformar o estatuto;

V – aprovar regimento interno, regulamentação funcional e suas alterações;

VI – aprovar concessão de honrarias formais, bem como sua cassação;

VII – deliberar sobre visão e princípios da entidade, independente de alteração estatutária, mantendo suas alterações como registro histórico;

VIII – autorizar alienação, permuta ou gravame de ativos imóveis, e aqueles intangíveis, bem como para fins de aquisição de bens patrimoniais dessa natureza;

IX – autorizar ao registro de marcas e patentes;

X – deliberar sobre destituição de membros dos poderes eletivos;

XI – deliberar sobre exclusão de associados;

XII – deliberar em última instância sobre recurso interposto por associados contra decisões de outros poderes da entidade;

XIII – deliberar sobre dissolução da entidade; e

XIV – deliberar sobre matéria não prevista no estatuto.

Quanto ao orçamento arrecadatório, especialmente quando se tratar de contribuições obrigatórias dos associados, em sendo aprovado pela Assembleia

Geral e salvo na contrariedade da lei, torna de inequívoca consistência ao seu cumprimento, bem como de sustentação justificada para fins de cobrança.

Quanto à prestação de contas, e independente de a qual dos poderes cabe sua aprovação, para fins de transparência e adequada decisão, sugerem-se minimamente os seguintes critérios:

I – leitura de parecer do Conselho Fiscal;

II – apresentação do balanço e das demonstrações financeiras, do relatório anual de atividades, dentre outros documentos que o instrumem;

III – abertura de espaço pelo Presidente da sessão para discussão sobre a matéria;

IV – votação; e

V – resultado da votação.

12.1.3 *Natureza da Assembleia Geral*

A Assembleia Geral é ordinária ou extraordinária.

A ordinária é de realização obrigatória, na frequência em que for estabelecida.

Portanto, para ser ordinária, significa que tenha pelo menos uma das matérias de competência da Assembleia Geral a ser tratada. Sua frequência deve ser expressa e inequívoca.

Seu objetivo é para deliberar sobre pautas estabelecidas estatutariamente como necessárias de realização periódica, podendo, como exemplo, referir-se à prestação de contas e à aprovação orçamentária, ou mesma à realização de eleições.

Observa-se, no entanto, que a prestação de contas é imprescindível que seja de realização anual, tanto perante os associados quanto ao setor público competente, independente de a qual dos poderes caberem suas deliberações.

Também é conveniente indicar que a Assembleia Geral ordinária pode tratar de assuntos não ordinários, desde que não seja matéria de realização em Assembleia Geral mediante convocação exclusiva para tratar do referido assunto, seja por determinação do estatuto, ou da lei, e constando no edital de convocação.

Como exemplo, que a Assembleia Geral ordinária será anual, sendo realizada até o mês de junho, que dentre outros assuntos, desde que não seja matéria de realização em Assembleia Geral exclusiva para tratar do referido assunto conforme estabelecido no estatuto ou na lei, terá como pauta para tratar das seguintes deliberações, descrevendo-as:

Ainda, considerando que a Assembleia Geral Ordinária tenha pauta mínima estatutariamente determinada, toda a pauta que for determinada para ser objeto de Assembleia Geral especialmente convocada para aquele determinado assunto naturalmente incidirá em Assembleia Geral extraordinária.

Como exemplo, que a Assembleia Geral extraordinária será realizada sempre que se fizer necessário, e deverá ser especialmente convocada para cada um dos seguintes assuntos no caso de incidência:

I – emendar, alterar ou reformar o estatuto;
II – destituição de membros dos poderes eletivos; e
III – dissolução da entidade.

12.1.4 *Competência para convocação da Assembleia Geral*

É salutar, lógico, coerente e também prudente que a convocação da Assembleia Geral seja atribuição do Diretor-Presidente da entidade.

Mesmo que não esteja previsto em lei, que, havendo, deve ser obedecida, deva ser facultada a convocação da Assembleia Geral por um percentual mínimo dos associados habilitados a votar. Em princípio, sugere coerência em tratar-se de no mínimo um quinto dos associados em situação regular perante a entidade.

O excesso de alternativas para convocação deve ser evitado, tanto para dar magnitude ao ato, quanto para preservar a autoridade administrativa da entidade, no caso do seu Diretor-Presidente.

Ainda assim, dada a estrutura, a dimensão e a dinâmica da entidade, e de seus poderes, pode tornar conveniente estabelecer outras competências de convocação. Isso especialmente para evitar a forçosa e desconfortável mobilização dos associados, portanto da Assembleia Geral, à sua própria convocação.

Como exemplo, atribuir competência de convocação por meio de pelo menos uma quantidade estabelecida dos membros da Diretoria Executiva, ou do Conselho Fiscal.

A forma de proceder à referida convocação quando não for feita pelo Diretor-Presidente deve ser expressamente estabelecida, a exemplo de:

I – por deliberação do Conselho Fiscal, caso o Diretor-Presidente não a faça, com notificação ao Diretor-Presidente, devidamente justificada, o qual deverá convocá-la no prazo de três dias corridos contados da data da notificação; este não o fazendo, poderá ser convocada pelos membros que a deliberaram; ou

II – por no mínimo um quinto dos associados em situação regular perante a entidade, que deverá ser precedida de requerimento, justificado, ao Diretor-Presidente, o qual deverá convocá-la no prazo de três dias corridos, contados da data da entrega do requerimento; este não o fazendo, poderá ser convocada pelos associados requerentes.

Quando a convocação for feita por representatividade de poder colegiado, para dar consistência e legitimidade à sessão, é importante que se preveja a necessária presença no ato da realização da Assembleia Geral de um número ou percentual mínimo dos membros que a convocaram, a exemplo de 50%, sob pena de nulidade.

As alternativas adicionais de convocação certamente servirão para suprir situações de inevitáveis ausências, flagrante displicência de gestão, ou propriamente por descaminhos estatutários.

12.1.5 *Local de realização da Assembleia Geral*

O local de realização da Assembleia Geral deve ser adequado para promover oportunidade de efetiva e regular participação dos seus membros, inclusive na formação de quórum suficiente.

A entidade, sempre que julgar conveniente, pode estabelecer um local para sua realização. Sendo estabelecido estatutariamente, é importante que seja como local prioritário, a exemplo da sua sede, a não ser em caso de conveniências diversas, em que seja necessário local distinto, servindo como orientação e conforto nas decisões de gestão, estabelecendo sintonia com os associados e formando expectativas de participação das sessões.

12.1.6 *Prazo e forma de convocação da Assembleia Geral*

Quanto ao prazo de convocação, é necessário levar em consideração a celeridade necessária para a tomada de decisões, ou de previsão legal, assim como para fins de adequada logística de realização e formação de quórum.

A realização de Assembleia Geral extraordinária normalmente incide em maior celeridade. Para realização das eleições pode requerer maior prazo de convocação, para sua coerente organização e fluxo de realização.

A Assembleia Geral, por exemplo, será convocada com antecedência mínima de:

I – dez dias, para aquelas ordinárias; e
II – cinco dias, para aquelas extraordinárias.

Em parágrafo imediato, e para a imediata identificação do contexto, como exemplo, que, para realização das eleições gerais, a convocação deverá ser feita com antecedência mínima de 35 dias da sua realização.

Quanto à forma de convocação, também se faz necessário para o conhecimento dos associados que, dentre outras situações, no que couber ou a lei exigir, a entidade possa optar para que seja feita:

I – por meios eletrônicos disponibilizados pela entidade;
II – mediante exposição na sede da entidade; e
III – por meio de jornais de grande circulação no seu território de abrangência, sempre que existente.

Quanto de as publicações serem feitas em jornais, ou periódicos de circulação, convém observar, pelo menos, possíveis exigências legais, particularidades da entidade e os costumes quanto aos meios de acesso às informações, especialmente tecnológicas, que são utilizados pelos associados. Isso para que surta os efeitos pretendidos, ou necessários.

Em determinadas situações pode-se fazer necessário que a convocação seja feita por meio de publicações oficiais, a exemplo de ser em Diário Oficial do Estado, ou da União.

12.1.7 *Edital de convocação da Assembleia Geral*

O documento capaz de habilitar à realização da sessão é o Edital de Convocação.

Em princípio, convoca-se Assembleia Geral ordinária, ou convoca-se Assembleia Geral extraordinária. Obedecidos os requisitos, inclusive legais, quando necessário ou conveniente, pode o mesmo edital referir-se à convocação de ambas, ou seja, Assembleia Geral ordinária e extraordinária.

Alguns requisitos são fundamentais para dar consistência ao objetivo do edital, que, em sendo previstos estatutariamente, disciplinam para a coerente convocação, bem como para o legal arquivamento dos atos junto ao órgão competente.

Dentre outras possíveis situações especiais que se fizerem necessárias, inclusive de ordem legal, sempre de acordo como os efeitos pretendidos da sessão, no que for necessário ou conveniente, fazer as seguintes previsões:

I – natureza da convocação, se ordinária, extraordinárias, ou ambas;
II – identificação qualificada da entidade, quando já existente;
III – identificação qualificada de quem a convoca;
IV – fundamentos estatutários de convocação, quando já existentes, bem como referências de ordem legal, quando for o caso;
V – identificação do público convocado, referindo-se aos associados e suas condições de participação;
VI – inequívoco local, data e horário de sua realização;
VII – sequência e intervalo de convocação, e respectivos quóruns necessários para sua realização;
VIII – pauta dos assuntos a serem tratados; e
IX – local e data em que é feita a convocação.

No caso de a Assembleia Geral ter como pauta a realização das eleições, deverão constar claramente os critérios de inscrição de chapas e de habilitação ao pleito, dentre outros critérios relativos ao processo eleitoral que se fizerem necessários, a exemplo de prazo, local e horário para os respectivos protocolos de inscrição de chapas e impugnações, bem como local e horário para a coleta dos votos.

Quando para fins de constituição de uma entidade, a convocação também deva deixar expressamente esse objetivo.

12.1.8 *Quórum mínimo e sequência de convocação*

Compreendido como poder máximo da entidade, colegiado, as deliberações da Assembleia Geral também se sustentarão pela relevante participação dos seus membros, ao menos da plena possibilidade da sua participação.

Tratando-se da maior mobilização dos associados, e por questões logísticas, bem como por deliberar sobre assuntos considerados de maior relevância da entidade, hão de se estabelecer critérios considerados suficientes, e adequados, para que se realize a sessão.

Nesse sentido, é imprescindível oferecer a possibilidade da formação de um quórum adequado para dar consistência deliberativa.

Para os temas que a entidade considerar de maior impacto, ou relevância, pode-se estabelecer formação de quórum distinto. Como exemplo, para fins de destituição de membros eleitos, por se tratar de situação que sugere a participação dos seus membros em quantidade mínima superior àquela exigida para o processo eleitoral. Inclusive no sentido de descaracterizar qualquer possibilidade de estar associado à reedição de votação da eleição.

Quanto à quantidade sequencial de convocações, o intervalo de tempo entre elas se faz necessário, como tolerância, na formação de quórum. No entanto, sem exagero, até mesmo em respeito aos membros que se fazem presentes na primeira convocação.

Como exemplo, a Assemblei Geral se realizará:

I – em primeira convocação, com a presença mínima de cinquenta por cento mais um dos associados em situação regular perante a entidade; e

II – em segunda convocação, trinta minutos após a primeira, com a presença de qualquer número de associados em situação regular perante a entidade.

Em parágrafo sequencial, para identificação de contexto, e também como exemplo, conste que, para fins de destituição de membros eleitos, bem como para fins de dissolução da entidade, o quórum será de no mínimo dois terços dos associados em situação regular perante a entidade, em primeira convocação, e de no mínimo cinquenta por cento mais um dos associados em situação regular perante a entidade, em segunda convocação. Ainda, para fins de dissolução da entidade, na falta de quórum mínimo para sua realização, poderá no prazo máximo de trinta dias fazer nova convocação aplicando o critério para as deliberações gerais conforme já acima mencionado, ou seja, cinquenta por cento mais um dos associados em situação regular perante a entidade em primeira convocação, e com qualquer número de associados em segunda convocação.

Observa-se neste exemplo que, em segunda convocação, exceto quanto à presença mínima para deliberar sobre a destituição de membros dos poderes e para fins de dissolução da entidade, sempre, com qualquer número de presentes, a Assembleia Geral se habilita para as deliberações da pauta. Isso é salutar, pois, tanto em relação à logística de mobilização dos associados, quanto para a tomada de decisões que se fizer necessária, salvo para situações que julgar necessário, a entidade carece de habilitar seus poderes para as respectivas deliberações em cada sessão.

12.1.9 *Sistema de votação da Assembleia Geral*

Quando na eleição haja mais de uma chapa concorrente ao pleito, bem como, nas deliberações que envolvam julgamento quanto à aplicação de penalidades, convém se estabelecer para que a votação seja tomada por escrutínio secreto, em respeito ao conforto no livre posicionamento e exercício do voto.

Para determinadas situações, desde que não contrariando a lei, a entidade pode estabelecer para que a votação seja realizada prioritariamente por aclamação.

Como alternativas, o sistema de votação da Assembleia Geral será:

I – por escrutínio secreto, com a utilização de urnas eleitorais físicas e lacradas, ou por meios eletrônicos, quando:

a) da existência de chapa inscrita e habilitada ao pleito, tempestivamente, bem como na recomposição de cargos vagos;

b) para destituição de membros eleitos; e

c) nas deliberações que envolvam julgamento quanto à aplicação de penalidades.

II – Prioritariamente por aclamação nas demais votações.

Quando a eleição for realizada por meio de urnas eleitorais físicas, é importante padronizar os dispositivos de uso, bem como, para assegurar a lisura da votação, ser estabelecido que se usem canetas esferográficas de cor azul ou preta, e que as cédulas devam ser rubricadas pelo Presidente e pelo Secretário da mesa de votação.

12.1.10 *Aprovação das matérias da Assembleia Geral*

Quanto ao número de votos necessários para aprovação das matérias, também pode ser diferenciado para aquelas deliberações de maior impacto na entidade.

Como exemplo, para aprovação das matérias, e sempre que estejam atribuídas da competência desse poder, serão necessários os votos concordes, por no mínimo:

I – dois terços dos votos válidos na Assembleia Geral para fins de:
a) aprovação de matéria estatutária e regimental;
b) concessão de honrarias formais;
c) aprovação de visão e princípios;
d) destituição de membros eleitos;
e) exclusão de associados; e
f) dissolução da entidade.

II – Cinquenta por cento mais um dos votos válidos na Assembleia Geral para as demais deliberações, cabendo ao Presidente da sessão:
a) votar regularmente quando se tratar de eleições, além dos assuntos de que trata o item anterior; e
b) votar, como voto de qualidade, para desempate, nos demais casos.

Em parágrafo imediato, é importante constar, para identificação de contexto, e como exemplo, que, no caso de empate nas eleições, será declarada eleita a chapa cujo proponente à Presidente da Diretoria Executiva, ou quando for o caso, o candidato para recomposição de cargo vago, necessariamente na seguinte ordem:

I – tiver mais tempo de associado;
II – tiver mais idade, no caso de empate no item anterior; ou
III – por sorteio, caso a coincidência ainda persistir.

Ainda, convém deixar expressa a forma da contagem dos votos válidos, a exemplo de não serem computados aqueles brancos, nulos por rasuras e as abstenções.

Para fins de aprovação de matéria, quando for estabelecido que seja mediante uma quantidade mínima de votos válidos, a exemplo de cinquenta por cento mais um, ou dois terços dos votos na Assembleia Geral, fica descartada a possibilidade de empate. Ou seja, a matéria é aprovada ou é desaprovada.

No entanto, quando da existência de mais de uma chapa concorrente ao pleito, ou mais de um candidato para a recomposição de membros, por exemplo, a votação pode incidir na situação de empate. E, dada a natureza do ato, carece de critérios próprios para fins de desempate para tornar conclusiva a escolha dos seus membros, pois trata-se de um confronto direto, de uma disputa eleitoral, que requer decisão objetiva.

12.1.11 *Atas da Assembleia Geral*

Na lavratura de ata da Assembleia Geral, cujo instrumento se fundamenta em prévia, legal e específica convocação, e efetiva realização da sessão, dada a formalidade a que está sujeito, carece que, além das resoluções da pauta, constem informações suficientes, inclusive de ordem legal quando obrigatórias, para os efeitos que se espera sejam produzidos.

Acompanha a indispensável lista ou outra forma legal de confirmação de presença, que constitui a comprovada participação e formação de quórum.

Como alternativas, segue um rol de conteúdos a serem constados em ata, prioritários e/ou necessários, a ser utilizado de acordo com o objetivo que o ato visar:

I – nominação de "Assembleia Geral", bem como a identificação de se tratar de ordinária, extraordinária, ou de fundação da entidade;

II – a denominação "ata" e sua sequencial numeração cronológica;

III – identificação de data e hora, por extenso, e do local em que se reuniram os associados;

IV – nome e identificação completa da entidade, inclusive endereço, e, quando já existentes, do número e data de arquivamento no órgão competente, inscrição cadastral perante o órgão arrecadador federal, dentre outros registros e cadastros quando por exigências de ordem legal;

V – objeto que fundamenta a realização da Assembleia Geral, o que se referencia ao respectivo edital de convocação, compreendendo ao menos a data e os meios de sua publicação;

VI – identificação do Presidente e do Secretário da sessão, com identificação completa;

VII – horário em que a primeira convocação é declarada aberta;

VIII – leitura do edital de convocação;

IX – identificação de quórum, e convocação sequente quando for o caso, na forma do edital;

X – relato contextual das deliberações da pauta;

XI – quanto a ser procedido ao registro da ata em órgão próprio;

XII – a quem caberá assinar a ata, por deliberação da Assembleia Geral, ou na exigência da lei quando existente, conveniente que seja pelo Presidente e pelo Secretário da sessão, para sua lisura e também simplificação; e

XIII – indicação do esgotamento dos assuntos da pauta, ou do motivo para o encerramento da sessão, bem como a expressa declaração de encerramento da Assembleia Geral.

Ainda, quando da eleição e posse dos membros dos poderes da entidade, observadas possíveis exigências legais, inclusive quanto a serem realizadas as eleições e a posse em mesmo ato, ou em atos distintos, sempre em observância ao necessário para os efeitos que o ato visa a produzir:

I – quantidade de chapas inscritas;
II – quantidade de chapas habilitadas ao pleito;
III – quantidade de associados;
IV – quantidade de eleitores e, portanto, de associados habilitados a votar;
V – quantidade de votantes e, portanto, quantidade de votos;
VI – quantidade de votos válidos;
VII – quantidade de votos brancos, nulos e abstenções, separadamente, quando existentes;
VIII – total de votos para cada uma das chapas;
IX – quantidade de votos a favor, e contra, se for o caso, quando da existência de chapa única;
X – declaração da chapa vencedora;
XI – identificação e qualificação dos membros eleitos/empossados, e respectivos cargos, compreendendo identificação completa, em especial quanto aos membros da Diretoria Executiva e do Conselho Fiscal;
XII – relação dos membros eleitos do poder deliberativo, quando for o caso;
XIII – expressa descrição da tomada da posse; e
XIV – vigência de seus respectivos mandatos, compreendendo data inicial e final.

Cabe ressaltar que, independente de exigência legal, a suficiente qualificação dos membros empossados facilita na relação com instituições externas da entidade, sejam públicas ou privadas, muito em especial perante o órgão próprio de registro dos atos da entidade, e perante instituições bancárias, para fins de movimentação financeira. Também quanto ao reconhecimento e à habilitação de membros suplentes, no caso de acessarem a titularidade do cargo.

Independente de as matérias de pauta serem legalmente sujeitas ou não à obrigatoriedade de registro da ata nos órgãos competentes, quando levada ao arquivamento garante sintonia entre a entidade e o órgão de registro, transparência, bem como oficial arquivo de segurança na preservação de registro histórico da entidade.

Por fim, um consistente planejamento para a realização da Assembleia Geral facilita a formalização do seu relato.

12.2 Conselho Deliberativo, de Representantes, ou equivalente

Sendo opcional a criação de poder hierarquicamente intermediário entre Assembleia Geral e Diretoria Executiva, e independente de nomenclaturas, a exemplo de Conselho Deliberativo, de Representantes, ou de Administração, dado o contexto da entidade, pode tornar importante e até mesmo necessária sua criação. Legalmente, dependendo da natureza da entidade, pode incidir em obrigatoriedade.

Sua criação normalmente se justifica:

I – por questões logísticas, a exemplo de dimensões territoriais para a formação de Assembleia Geral;

II – para fins de formação representativa da Assembleia Geral, o estudo e o debate, dado o contexto de associados; ou

III – para deliberações consideradas adequadas a serem tomadas por poder intermediário da Diretoria Executiva e da Assembleia Geral.

Para dar credibilidade às suas atribuições, é necessário que sua formação seja de consistente representação numérica. Ocorre que, normalmente, a formação de quórum acontece de forma parcial no contexto dos seus membros. E trata de deliberações relevantes, propriamente na condição de poder representativo da Assembleia Geral.

São inúmeras as formas de compor esse poder, como exemplo:

I – mediante eleição;

II – pelos Presidentes das entidades associadas, desde que assim composto o seu quadro de associados, e que a Assembleia Geral seja formada pelo contexto dos associados destas; e

III – por uma equivalente quantidade de membros representantes dos associados pessoa física, e dos associados pessoa jurídica, quando assim formado seu quadro de associados.

É importante que sua composição seja realizada por membros distintos daqueles dos demais poderes eletivos da entidade, inclusive para a legitimidade das suas deliberações. E não há de se confundir com o quórum da Assembleia Geral, o que, no caso, não justificaria sua criação. Portanto, em princípio, é representativo desta.

Faz sentido, no entanto, excepcionalmente, e visando a melhor condução executiva, caber ao Diretor-Presidente da entidade assento como integrante nato, inclusive ao voto qualificado para fins de desempate, propriamente como Presidente desse poder.

Uma vez criado, também se faz necessário definir os critérios do seu funcionamento, o que também é tratado no item 12, parte dois, deste livro.

Ainda, para situações bem atípicas, a exemplo de possível oscilação da quantidade de associados, a entidade pode criar Conselho Deliberativo ou equivalente e suas respectivas atribuições, prevendo que, mediante deliberação da Assembleia Geral, em qualquer tempo, e independente de alteração estatutária, pode suprimir esse poder e propriamente reconstituí-lo, dada a conveniência do momento.

Nesse caso, é necessária também a inequívoca previsão de a qual dos poderes cabe deliberar sobre as atribuições inicialmente previstas para esse poder quando do seu suprimento.

Algumas atribuições que podem ser plausíveis da competência desse poder, e desde que não estejam previstas da competência de outros poderes a exemplo da Assembleia Geral, dada a conveniência da entidade:

I – deliberar sobre orçamento e prestação de contas;

II – aprovar normas eleitorais complementares;

III – julgar o processo eleitoral;

IV – funcionar como órgão recursal imediato das decisões da Diretoria Executiva;

V – emitir parecer, por solicitação da Diretoria Executiva;

VI – autorizar realização de financiamentos;
VII – autorizar aplicações financeiras em instituições bancárias ou similares;
VIII – autorizar realização de convênios e acordos;
IX – autorizar elaboração de projetos, inclusive de caráter técnico-científico, de pesquisa, dentre outros relativos à função social da entidade;
X – autorizar a elaboração e veiculação de periódicos; e
XI – aprovar matérias técnico-científicas.

Quanto ao julgamento do processo eleitoral, no caso da existência de Conselho Deliberativo, é de fato apropriado caber a esse o julgamento. E como decisão definitiva, pelo caráter de poder representativo da Assembleia Geral.

No caso de a entidade optar por atribuir a competência para julgamento do processo eleitoral à Assembleia Geral, ou de permitir recurso para julgamento final a esse poder, em princípio, por submeter para avaliação por parte de todos os associados habilitados ao voto, convém que a anulação do processo eleitoral seja possível mediante quórum e votação qualificados, a exemplo de no mínimo 2/3 dos associados em situação regular perante a entidade, em primeira convocação, e de no mínimo 50% mais um dos associados, em segunda convocação, mediante aprovação por no mínimo 2/3 dois terços dos votos válidos, sob pena de caracterizar a reedição das eleições.

Consiste, portanto, na expressiva manifestação dos associados na decisão. Inclusive para que as investidas para anulação do processo eleitoral sejam de fundamentação consistente. No entanto, dada a dimensão da entidade, e por questões logísticas, pode inviabilizar a realização de Assembleia Geral para esse fim, cabendo, no caso, e como alternativa, a decisão final por parte da própria comissão julgadora das eleições, a ser estabelecida propriamente em campo específico da realização das eleições. Isso, mesmo que em princípio tratar-se de poder alternativo em termos de consistência, para julgamento definitivo. A Diretoria Executiva via de regra está investida, ao menos por parte dos seus membros, no processo eleitoral quanto à formação de uma proposta de continuidade, ou seja, de situação. Daí o natural desconforto quanto ao exercício de poder ao julgamento das eleições.

Conclusivamente, nesse raciocínio, caber anular as eleições:

I – ao Conselho Deliberativo ou equivalente, quando existente;

II – à Assembleia Geral, quando da não existência de Conselho Deliberativo, e tiver facilidades logísticas de realização de Assembleia Geral; ou

III – a uma comissão julgadora das eleições.

12.3 Diretoria Executiva

Em toda entidade jurídica é necessária a existência de um formal poder executivo para sua condução. E ganha *status* de porta-voz, promotor, difusor, coordenador e supervisor quanto ao cumprimento estatutário.

A estrutura da Diretoria Executiva é dinâmica de formação, e sugere composição mínima de Presidente, Secretário e Tesoureiro. Essas funções naturalmente existem, e convém de serem exercidas por membros distintos inclusive dos demais poderes eletivos da entidade, tendo em vista a transparência e o coerente exercício funcional da entidade, transformando-se em poder colegiado para as deliberações mais relevantes da competência executiva.

De acordo com a dimensão do quadro de associados, território e proposta funcional, pode ser apropriada uma composição com maior número de integrantes, a exemplo de um ou mais Vice-Presidentes e membros suplentes das demais funções. Também pode se fazer necessário eleger membros para atividades específicas além daquelas tradicionais de Presidente, Secretário, Tesoureiro e respectivos suplentes, os quais podem ser eleitos como membros da Diretoria Executiva, ou propriamente como coordenadores de apoio à Diretoria Executiva, a exemplo de diretor de ensino e eventos, marketing, dentre outros. Isso, dada a previsão de envolvimento nas funções, assim como no caso de possível limitação de cargos, quando estabelecido por parte do poder público, relativo a entidades em que o Estado possa exercer maior controle.

Quanto ao preenchimento de cargos por membros já eleitos, sempre em relação à estrutura da Diretoria Executiva que for criada, como exemplo, que no caso da vacância de cargos desse poder, observados os critérios quanto à formalização do ato da vacância do cargo, a recomposição será da seguinte forma:

I – no caso de vacância do cargo de Diretor-Presidente, será o cargo assumido pelo Vice-Presidente, e na falta desses, o Primeiro Secretário assumirá a presidência;

II – no caso de vacância do cargo de Primeiro e Segundo Secretário, a secretaria será assumida pelo o Segundo Tesoureiro;

III – no caso de vacância do cargo de Primeiro e Segundo Tesoureiro, a tesouraria será assumida pelo Segundo Secretário; e

IV – no caso de vacância do cargo de Coordenador de Ensino e Eventos, o cargo será ocupado pelo Segundo Tesoureiro, Segundo Secretário, ou pelo Vice-Presidente, prioritariamente nessa ordem, garantida a composição da titularidade dos cargos de Presidente, Secretário e Tesoureiro.

Também é importante estabelecer critério para a caracterização da vacância do cargo por falta de frequência, a exemplo de ser declarado vago o cargo de qualquer membro da Diretoria Executiva que, sem justificado motivo faltar a três reuniões consecutivas ou alternadas durante imediatos doze meses da realização de cada reunião.

Na atribuição de competências colegiadas da Diretoria Executiva, também se deve levar em conta a autonomia que a entidade julgar conveniente atribuir ao Diretor-Presidente, para tornar versátil a funcionalidade gestora da entidade, e propriamente sinalizando ao seu cumprimento, também constando no estatuto.

Exemplos de atribuições colegiadas da Diretoria Executiva:

I – aprovar a admissão de associados;

II – deliberar sobre planejamento estratégico de gestão;

III – tomar conhecimento da movimentação patrimonial, inclusive financeira, nas reuniões deste poder;

IV – autorizar a fixação de salários, bem como honorários e outros valores contratuais necessários ao bom funcionamento da entidade;

V – aprovar organograma;

VI – autorizar a realização de congressos, convenções, seminários, dentre outros eventos;

VII – preencher cargos vagos por membros já eleitos;

VIII – elaborar proposta de alteração estatutária, regimental e funcional;

IX – propor renovação de visão e princípios da entidade, na forma do estatuto;

X – propor concessão de títulos honoríficos, dentre outras honrarias formais;

XI – julgar em primeira instância os processos instaurados por associados;

XII – deliberar sobre suspensão de associados;

VIII – propor a exclusão de associados;

XIV – propor a extinção da entidade; e

XV – deliberar sobre outros assuntos relativos ao exercício executivo da entidade, quando proposto pelo Diretor-Presidente.

Também, quando as principais funções a serem exercidas por parte de cada um dos seus membros forem previstas no estatuto, por força do mandato, para o bom funcionamento da entidade, torna-se obrigatório seu exercício e cumprimento.

É imprescindível estabelecer os critérios funcionais das reuniões, a exemplo do que se sugere no item 12, parte dois, deste livro.

12.3.1 *Presidente*

Considerado o aparato regulatório e a estrutura dos poderes que requer a entidade jurídica, natural a necessária função de gestão a um protagonista investido em mandato eletivo, fundamentado em seus atos constitutivos.

O cargo de Diretor-Presidente, ainda que na composição de poder colegiado executivo, é compreendido como o cargo máximo na condução da entidade, investindo-se nas funções próprias de gestão e, por excelência, na representatividade da entidade, de forma própria, ou seja, concentrando e exercendo um poder individual, obviamente nos parâmetros estatutários e da lei.

Quando previsto que, sempre que possível, a entidade será representada pelo seu Diretor-Presidente, fortalece sua identificação, bem como sua consistência de gestão.

Sempre que expressamente estabelecidas as competências a serem tomadas mediante deliberação colegiada da Diretoria Executiva, bem como dos demais poderes colegiados da entidade, obedecido o estatuto e a lei, naturalmente cabem ao Diretor-Presidente da entidade as demais deliberações de gestão. No entanto, quando expressamente estabelecidas as principais competências cabíveis da sua autonomia, proporciona ao seu exercício e objetiva suas deliberações.

Nesse sentido, sempre em relação à autonomia em que a entidade julgar conveniente, segue um rol de funções passíveis de serem atribuídas ao Diretor-Presidente:

I – representar, supervisionar e defender, em juízo e fora dele, os interesses da entidade, ativa e passivamente, pessoalmente, por seu substituto estatutário, ou procurador legalmente constituído, desde que possam ser caracterizados como coletivos ou difusos e possam resultar em benefícios diretos ou indiretos à entidade;

II – dirigir a entidade de acordo com o estatuto;

III – cumprir e fazer cumprir o estatuto, bem como o regimento interno, regulamentos, normas e resoluções deliberadas pelos poderes da entidade;

IV – cumprir e visar a fazer cumprir a lei pertinente à entidade;

V – promover a integração entre os associados;

VI – administrar e deliberar sobre o patrimônio da entidade, com aprovação dos respectivos poderes competentes quando previsto no estatuto;

VII – convocar e presidir as Assembleias Gerais, as reuniões da Diretoria Executiva e aquelas do Conselho Deliberativo ou equivalente;

VIII – convocar o Conselho Fiscal quando julgar conveniente;

IX – promover a elaboração, o monitoramento e a execução de planejamento estratégico;

X – fazer prestação de contas de gestão perante o poder competente da entidade, anual e tempestivo, mediante parecer do Conselho Fiscal, apresentando balanço patrimonial, demonstrações financeiras e relatório anual de atividades;

XI – apresentar proposta orçamentária anual para as deliberações do poder competente da entidade;

XII – firmar contrato de trabalho, bem como fixar salários e honorários inclusive para fins de auditoria e perícia ao bom funcionamento da entidade, na forma autorizada;

XIII – firmar convênios, acordos, intercâmbios e demais contratos, na forma autorizada;

XIV – autorizar a realização de despesas;

XV – abrir conta bancária em nome da entidade conjuntamente com o Tesoureiro;

XVI – assinar e/ou reconhecer, conjuntamente com o Tesoureiro, os desencaixes financeiros e outros valores patrimoniais;

XVII – promover as arrecadações da entidade, inclusive por meio de projetos e subvenções, quando possível e julgar conveniente;

XVIII – interagir e interceder junto aos poderes de Estado, ONGs e o setor privado, inclusive internacional, na permissão da lei, por valorização, vínculos de apoios, promoção, realização dos objetivos e nos mais elevados interesses da entidade;

XIX – dar execução às resoluções dos poderes da entidade, inclusive sanções;

XX – promover as normatizações administrativas que julgar necessário, inclusive organograma, à boa gestão;

XXI – criar, e mesmo extinguir, setores, departamentos, comitês e comissões quando não criados estatutariamente, bem como nomear e destituir seus coordenadores quando não eleitos para esse fim, dentre outras funções;

XXII – aprovar a realização de congressos, convenções, seminários, dentre outros eventos, quando autorizados;

XXIII – divulgar convenientemente as ações e deliberações da entidade;

XXIV – promover atualização profissional continuada, mesmo que em parcerias ou convênios com entidades públicas ou privadas;

XXV – designar membros da entidade, prioritariamente integrantes da Diretoria Executiva, para representá-la em seu nome;

XXVI – outorgar procurações;

XXVII – promover o prestígio da entidade;

XXVIII – acatar pedido de desligamento de associado;

XXIX – deliberar e aplicar sanções de advertência;

XXX – instaurar processo de exclusão de associado para as deliberações do poder competente da entidade; e

XXXI – outras deliberações cabíveis relativas ao exercício da gestão administrativa.

12.3.2 *Secretário*

O efetivo trâmite dos procedimentos administrativos da entidade associativa é exercido, ou pelo menos coordenado, pelo secretariado, em apoio ao Diretor-Presidente.

Ainda que natural e culturalmente compreendido o papel a ser desempenhado pelo Secretário, cabe o expresso estabelecimento de suas principais funções, independente de contar com pessoal de apoio, voluntário ou contratado, de acordo com a demanda funcional da entidade, cabendo a este sua responsabilidade.

Segue um rol de funções normalmente cabíveis ao exercício do Secretário de entidade associativa:

I – realizar, dirigir e superintender os serviços da Secretaria Executiva da entidade;

II – secretariar as reuniões da Diretoria Executiva, e prioritariamente aquelas do Conselho Deliberativo e da Assembleia Geral, quando determinado pelo Diretor-Presidente;

III – lavrar as respectivas atas das Assembleias Gerais e das reuniões, em livros, ou meios próprios;

IV – dar encaminhamento aos procedimentos de convocações feitas pelo Diretor-Presidente;

V – elaborar o relatório anual de atividades da entidade para fins de prestação de contas;

VI – providenciar e manter atualizado o registro do estatuto social da entidade e suas atualizações no órgão competente, bem como seus respectivos cadastros obrigatórios pertinentes;

VII – providenciar os legais e tempestivos registros de livros e documentos da entidade no órgão próprio, conforme orientação da lei e do estatuto, quando for o caso;

VIII – elaborar e organizar, em apoio ao Diretor-Presidente, pauta das reuniões e das Assembleias Gerais;

IX – elaborar e monitorar agenda de previsões legais, bem como aquelas ordinárias por força do estatuto e por deliberação dos poderes da entidade;

X – elaborar e encaminhar, em apoio ao Diretor-Presidente, os recursos, processos, pedidos e outros despachos, inclusive correspondências, de interesse da entidade;

XI – admitir e demitir funcionários quando devidamente autorizado pelo Diretor-Presidente;

XII – informar os associados sobre resoluções e atividades dos poderes da entidade, mediante orientação do Diretor-Presidente;

XIII – assinar, com o Diretor-Presidente, carteiras sociais, certificados e honrarias expedidos pela entidade;

XIV – elaborar e manter atualizado cadastro dos associados, dentre outras formas de participação junto à entidade;

XV – manter em boa ordem toda a documentação pertinente da secretaria;

XVI – exercer outras atividades peculiares ao cargo de Secretário;

XVII – solicitar apoio do Segundo Secretário quando julgar necessário ou conveniente; e

XVIII – executar outras atividades administrativas por deliberação do Diretor-Presidente.

12.3.3 *Tesoureiro*

A própria nomenclatura *tesoureiro*, palavra que deriva de *tesouro*, é rica de expressão e revelação da função.

Sinaliza nobreza, maturidade, prudência, segurança e confiança no exercício do controle e da movimentação do patrimônio da entidade. Requer plena sintonia com a presidência.

Outras nomeações podem ser atribuídas ao cargo.

Trata do patrimônio da entidade, independente da expressão do seu contexto, bem como da forma como se representa, ainda que exclusivamente financeira.

Da mesma forma quanto aos demais cargos executivos, apresenta-se na sequência um rol de alternativas funcionais normalmente atribuídas à função do Tesoureiro, independente da forma descrita, de acordo com a conveniência da entidade:

I – planejar, organizar, supervisionar e dar execução aos serviços da tesouraria, inclusive fluxo de caixa e orçamentários, e aos relativos à contabilidade;

II – fazer a arrecadação da entidade, inclusive de subvenções quando existentes, bem como providenciar donativos, sempre em sintonia com o Diretor-Presidente, acompanhando os respectivos procedimentos;

III – movimentar valores da entidade, inclusive em estabelecimentos bancários, juntamente com o Diretor-Presidente;

IV – fornecer regularmente, junto com a contabilidade, na forma por esta orientada, toda a movimentação financeira e patrimonial da entidade, inclusive bancária, comprovantes de arrecadação e aplicação de recursos, inclusive despesas, bem como contratos e outras movimentações, constituição de compromissos ou haveres patrimoniais, para fins de apropriação de valores, na regular e tempestiva escrituração contábil, fiscal e de gestão;

V – apresentar as atividades da tesouraria nas reuniões ordinárias da Diretoria Executiva, e sempre que solicitado pelo Diretor-Presidente;

VI – organizar e manter atualizado o inventário dos bens patrimoniais, bem como dos materiais e apetrechos da entidade, em especial pelo ato da realização de balanço contábil anual;

VII – providenciar anual e tempestivamente, na forma do estatuto, e sempre que solicitado pelo Diretor-Presidente, elaboração de balanço contábil e demonstrações financeiras, orçamento, bem como outras peças contábeis e pertinentes de tesouraria;

VIII – comunicar à Diretoria Executiva sobre perecimento de bens, indicando sua causa, quando possível, e sugerindo providências em que julgar apropriado;

IX – manter regularidade de ordens legais, inclusive quanto a bens patrimoniais sujeitos ao controle permanente de Estado, a exemplo de imóveis, veículos, e proteção de nome, marcas e patentes;

X – manter em boa ordem toda a documentação pertinente da tesouraria;

XI – exercer outras atividades de tesouraria peculiares ao cargo;

XII – solicitar apoio do Segundo Tesoureiro quando julgar necessário ou conveniente; e

XIII – executar outras atividades administrativas que lhes forem delegadas pelo Diretor-Presidente.

12.3.4 *Suplentes da Diretoria Executiva*

Os integrantes dos cargos de Vice-Presidente, Segundo Secretário e Segundo Tesoureiro, dentre outros suplentes, quando existentes, também como exemplo, cumprem as seguintes funções:

I – auxiliar o titular do cargo no desenvolvimento de suas funções quando solicitado por este;

II – substituir o titular em seus impedimentos e ausências;

III – suceder ao titular em caso de vacância;

IV – participar regularmente nas reuniões da Diretoria Executiva;

V – representar a entidade sempre que expressamente designado pelo Diretor-Presidente;

VI – presidir e coordenar, por deliberação do Diretor-Presidente, setores, departamentos, comissões, ou similares;

VII – assumir a titularidade de outros cargos da Diretoria Executiva na ausência dos seus membros, no caso de vacância do cargo, na forma do estatuto; e

VIII – executar outras atividades administrativas que lhes forem delegadas pelo Diretor-Presidente.

12.3.5 *Coordenadores em apoio à Diretoria Executiva*

No caso de a entidade criar cargos de coordenadores em apoio à Diretoria Executiva, portanto não fazendo parte desta, deve estar claramente expressa, e em destaque, esta condição.

Neste caso, cabe aos coordenadores dos respectivos departamentos, quando constituídos, e na forma em que for determinado pelo Diretor-Presidente, sempre mediante proposta, inclusive orçamentária, autorizada, coordenar e promover sua regular funcionalidade.

Quando a entidade elege membros coordenadores para áreas ou departamentos específicos, convém serem criadas as referidas estruturas funcionais estatutariamente; como alternativa, na forma sugerida no item 16, parte dois, deste livro.

12.4 Conselho Fiscal

Na condição de poder colegiado independente e na isonomia de poder, considera-se o Conselho Fiscal hierarquicamente colateral da primeira escala sequencial da Assembleia Geral, portanto um dos poderes imediatos desta.

Trata-se fundamentalmente de poder fiscalizador da movimentação patrimonial da entidade, especialmente financeira, bem como quanto ao cumprimento estatutário e ao que for legalmente admitido, relativo à gestão, cujos fundamentos convém deixar expressos em seus atos.

Distinguem-se investidas de poder fiscalizatório, portanto estatutário, daquelas aleatórias e também desconfortáveis buscas quando por parte de associados não investidos em expresso poder de fiscalização, o que justifica sua criação.

Em princípio, o Conselho Fiscal se manifesta por deliberação colegiada. E, independente dos meios que forem utilizados, seja em livro próprio, folhas em separado, ou mesmo por recursos eletrônicos permitidos. Isso encoraja, motiva e também compromete para o exercício de fiscalização.

Na entidade regida estatutariamente, a capacidade de julgamento dos atos e fatos administrativos é normalmente atribuída a poder hierarquicamente superior da Diretoria Executiva. Ainda que inicialmente atribuído a esta, a isonomia funcional estabelece neutralidade ao exercício e compromisso de fiscalização dos atos desse poder.

É importante que seja de composição plural dos seus membros titulares, e ímpar, para proporcionar o desempate, bem como para a legitimidade das suas deliberações. Sempre que possível, deve haver também suplentes. Exemplo: ser composto por três membros titulares e dois suplentes.

A forma de constituir o Presidente do Conselho deve ser expressa, a exemplo de ser pelo seu membro nominado em primeiro lugar na ordem crescente na ata da posse, portanto desde já investido no cargo, e no caso da vacância do cargo, pelo imediatamente descrito, o que, nesse caso, devam primeiramente constar os membros titulares e posteriormente aqueles suplentes. Ou mediante eleição entre seus membros em ato posterior da posse.

Também, e como exemplo, que, no caso da ausência do Presidente desse conselho na sessão, esta será presidida prioritariamente pelo membro descrito na ordem sequencial na ata da posse imediato do Presidente, que estiver presente na sessão.

Na vacância de cargos titulares, também pode ser estabelecido critério idêntico, ou seja, serem preenchidos pelos seus membros suplentes nominados na ordem sequencial crescente na ata da posse, imediatamente após os membros titulares, ainda que de forma prioritária. É imprescindível que o referido ato de preenchimento ocorra em reunião da Diretoria Executiva, para conhecimento de gestão, constando em ata.

Como forma de estabelecer regularidade de frequência dos membros titulares nas reuniões, como exemplo, de ser declarado vago o cargo, quando, sem justificativa plausível faltar a duas reuniões consecutivas ou alternadas nos últimos doze meses imediatos, contados em cada reunião.

A constituição de Secretário nas reuniões do Conselho convém seja feita dentre os membros presentes em cada reunião, por deliberação do Presidente da sessão.

Assim como nos demais poderes, quando é facultada a participação dos membros suplentes, fortalece as reuniões, a formação de quórum e as deliberações desse poder.

No sentido de promover adequada análise fiscalizatória, é importante estabelecer parâmetros ao consistente acesso documental da entidade. Exemplo: cabe ao Conselho Fiscal fiscalizar todos os atos da Diretoria Executiva, no que julgar necessário ou conveniente, fundamentalmente relacionado ao patrimônio, em especial quanto ao financeiro, podendo inclusive examinar:

I – balancetes, balanços e demonstrações financeiras, livros contábeis, fiscais e auxiliares, inclusive caixa e movimentação bancária;

II – arrecadações e encaixes de qualquer natureza;

III – aplicação dos recursos, inclusive desencaixes com despesas gerais e tributárias;
IV – fundos e aplicações financeiras;
V – orçamentos, contratos, acordos, convênios dentre outros documentos, inclusive referentes à constituição de compromissos e haveres;
VI – realização de operações de crédito, dentre outras operações com onerações, inclusive quanto à aceitação de doações com encargos;
VII – relatório anual de atividades;
VIIII – inventário dos bens patrimoniais, materiais e apetrechos;
IX – planejamento estratégico formal quando existente; e
X – outras deliberações relativas ao exercício da fiscalização administrativa.

A definição da frequência periódica das reuniões, portanto as ordinárias, com expressa pauta mínima necessária, promove a regular funcionalidade deste Conselho. As extraordinárias só ocorrem quando se faz necessário.

Em termos de periodicidade das reuniões ordinárias, é importante levar em conta a garantia da emissão de parecer tempestivo à sessão de prestação de contas da Diretoria Executiva.

É necessário estabelecer os critérios funcionais das reuniões, a exemplo dos demais poderes, inclusive na formação de quórum, como se orienta no item 12, parte dois, deste livro.

A previsão de voto qualificado ao Presidente da sessão, para critério de desempate, estabelece a condição de formar parecer conclusivo.

É conveniente que as convocações do Conselho sejam feitas pelo seu Presidente, até mesmo em respeito à autonomia desse poder. Conveniente estabelecer para que a convocação também possa ser feita pelo Diretor-Presidente da entidade.

Também é importante estabelecer parâmetros suficientes para promover adequada e tempestiva emissão de pareceres, de forma conclusiva, inclusive como orientação. Exemplo: que as deliberações do Conselho Fiscal constarão de pareceres lavrados em livros próprios, folhas em separado, ou mesmo por recursos eletrônicos permitidos, prévio e tempestivo à prestação de contas, quando for o caso, indicando minimamente:

I – identificação da entidade;
II – caracterização da reunião, se ordinária ou extraordinária;
III – identificação da convocação da reunião;

IV – data e local de realização da reunião;

V – pauta da reunião;

VI – conclusão, com fundamento no resultado da votação, a exemplo de recomendar a aprovação das contas, integral, parcial, mediante ressalvas, ou mesmo sua reprovação; e

VII – identificação dos fiscais que formularam o parecer, assinado ao menos pelo seu Presidente.

A fiscalização privada se constitui, realiza e se fundamenta nos atos constitutivos da entidade, estando a entidade sempre sujeita aos cabíveis procedimentos fiscalizatórios da administração pública.

13
Eleições

A escolha dos membros dos poderes eletivos é um dos mais relevantes e mesmo envolventes momentos da entidade jurídica. É quando se compõe o seu promotor mecanismo funcional.

Na entidade associativa, o processo eleitoral se regula estatutariamente, ou mediante instrumento próprio, em deliberação posterior. Convém, no entanto, que ao menos sua parte fundamental seja de previsão estatutária, o que, normalmente, dispensa complementações.

É elemento necessário na orientação, organização e realização do pleito, para o seu fluxo regular, desembaraço e efetiva conclusão, como também para o reconhecimento do seu resultado e a posse, para o natural e legítimo exercício dos respectivos mandatos.

Coerente mecanismo eleitoral promove estímulo à participação e à salutar composição dos membros de cada um dos seus poderes eletivos.

O momento das eleições é para focar na escolha dos seus representantes; portanto, deve assentar-se em critérios previamente estabelecidos e sempre no sentido de objetivar unicamente os interesses da entidade.

Quanto ao contexto das matérias a serem tratadas relativamente às eleições, e sempre que já estando devidamente previstos os critérios de realização da Assembleia Geral, inclusive quanto à formação de quórum e forma de votação, bem como estando previstas as prerrogativas dos associados para sua habilitação ao voto, e à elegibilidade, em princípio, cabe apenas entrar no mérito quanto à sua realização, o que, na sequência, é tratado com relevante alcance, ao menos em princípio, quanto ao considerado como fundamental.

13.1 Disposições gerais das eleições

Inicialmente, cabe definir a frequência e o momento em que as eleições serão realizadas, e para quais dos poderes, referindo-se ao tempo dos mandatos.

É importante definir um mês como calendário, ainda que prioritário, para a realização das eleições. Isso para promover sua regular frequência, mobilizações para o pleito, e mesmo quanto a expectativas do processo eleitoral. Também, e opcionalmente, a entidade pode estabelecer uma data-calendário para o efetivo início dos mandatos, para sua regular coincidência inclusive de vigência dos mandatos.

Nesse sentido, e como exemplo, os mandatos dos poderes eletivos da entidade serão para a vigência de dois anos, sendo que:

I – as eleições serão realizadas no prazo máximo de noventa dias e mínimo de trinta antecedentes do término da vigência do mandato em vigor, prioritariamente no mês de novembro.

II – os mandatos terão início no dia primeiro de janeiro imediato da realização das eleições, ainda que o ato da posse seja realizado em data anterior, salvo quando se fizer necessário realizar eleições em período intermediário; e

III – no caso da incidência de eleições gerais para início de mandato em período intermediário, será dilatado e/ou fracionado no que incidir em tempo inferior a seis meses, de modo a coincidir para a estatutária previsão-calendário dos mandatos.

13.2 Como são regidas as eleições

Na definição das normas do processo eleitoral, alguns quesitos são imprescindíveis para sua coerente realização.

Trata-se exclusivamente dos fundamentais critérios, inclusive quanto ao voto ser secreto ou por aclamação, o que, nessa metodologia proposta, já é tratado em tópico específico de realização da Assembleia Geral, quando, a partir de então, são detalhamentos.

Como exemplo, o processo eleitoral é regido fundamentalmente quanto aos seguintes critérios:

I – a necessária regularidade do associado em atendimento às prerrogativas na forma estabelecida no estatuto para participar do pleito;

II – o necessário preenchimento dos requisitos de elegibilidade estabelecidos na forma do estatuto para participar concorrendo a cargo eletivo;

III – lícita a pluralidade de chapas concorrentes;

IV – vedada a participação de um mesmo candidato em mais de uma chapa; e

V – nenhum dos poderes eletivos poderá ser composto com pluralidade de membros com parentesco até terceiro grau, bem como cônjuges, mesmo que em união estável, sempre que existirem associados habilitados ao voto para sua composição, salvo quando de expressa renúncia por impossibilidade.

13.3 Forma de realização das eleições

A expressa forma de realização das eleições, do momento de escrutínio dos votos, bem como da divulgação do resultado das eleições para conhecimento público, é motivador à participação, à transparência, bem como ao acompanhamento do pleito.

O associado carece dessas informações com antecedência. Também é importante aos demais usuários da entidade.

A forma de realização das eleições deve ser estabelecida de acordo com a realidade da entidade. Pode ter mais de uma alternativa, ainda que estabelecida a forma prioritária. Conforme a natureza da entidade, pode incidir em previsão legal.

Alguns requisitos básicos para servir como baliza organizacional das eleições são imprescindíveis, inclusive ao conforto da parte organizadora.

Relacionam-se alguns fatores considerados essenciais:

I – detalhamentos quanto à coleta dos votos, daqueles já estabelecidos para a realização da Assembleia Geral, e específicos para fins de eleições, conforme edital de convocação, como exemplo:
a) da possibilidade ou não da formação de adicionais mesas coletoras de voto;
b) de ser em determinada quantidade de horas contínuas; ou
c) de ser no ato da Assembleia Geral.
II – da coincidência ou não das eleições de cada poder; e
III – se for para composição de todos os membros, ou por renovação parcial, a exemplo de 1/3 dos seus membros.

Como exemplo, as eleições serão realizadas para compor todos os membros dos seus poderes, na mesma convocação, prioritariamente em ato presencial de Assembleia Geral, podendo também ser realizadas:

I – em ato específico de votação, numa quantidade de tempo expressamente definida;

II – por ato específico de votação, numa quantidade de tempo expressamente definida, com imediata e sequencial abertura de Assembleia Geral para os procedimentos de apuração dos votos, declaração do resultado das eleições e demais deliberações, na forma do edital de convocação, inclusive, e se for o caso, para fins de prestação de contas, e posse dos membros eleitos; ou

III – realizada por voto eletrônico, também contendo todas as chapas devidamente homologadas e habilitadas ao pleito, mediante critérios expressamente estabelecidos pelo poder competente da entidade.

13.4 Formação de chapas

É imprescindível estabelecer regras para a formação de chapas. A título de exemplos, as chapas deverão conter, necessariamente:

I – composição completa para todos os poderes, na forma do edital de convocação;

II – nome completo dos candidatos, devidamente descritos para os respectivos cargos, na ordem e nomenclaturas estabelecidas no estatuto, e para qual dos poderes que esteja concorrendo; e

III – declaração, individual ou coletiva, dando ciência da sua candidatura, bem como de não estar incurso em qualquer impedimento de ordem legal, de situação de incompatibilidade e ilegibilidade, inclusive de ordem financeira, perante a entidade.

13.5 Inscrição de chapas

O estabelecimento de critérios para inscrição de chapas promove de forma orientada para uma adequada formação do edital de convocação, bem como para a tempestiva e regular oportunidade de participação no pleito.

Como exemplo, destaque-se que as chapas deverão ser protocoladas em duas vias, no período, local e horário sem qualquer numeração de chapa, na forma estabelecida no edital de convocação, inclusive quanto aos seguintes prazos:

I – até 25 dias anteriores à data da eleição; ou

II – até o ato de abertura da Assembleia Geral, no caso de as eleições serem realizadas em ato presencial da sessão.

13.6 Escolha dos membros do Conselho Deliberativo

Quando da existência de Conselho Deliberativo, ou equivalente, eleito pela Assembleia Geral, e for definido pela escolha dos seus membros no mesmo ato das eleições da Diretoria Executiva e do Conselho Fiscal, também é necessário o estabelecimento do critério de eleição quanto a este poder.

Nesse caso, é conveniente que seja escolhido depois de ser declarada a chapa vencedora da Diretoria Executiva e do Conselho Fiscal, para estabelecer a possibilidade também aos integrantes das chapas vencidas a concorrerem na sua composição.

Deve ser definido o critério quanto aos nomes a serem votados. Como exemplo, de ser mediante proposição do associado, ou por indicação, no ato da realização da Assembleia Geral, e da necessidade ou não de estar presente no ato, no entanto, da consistente e individual confirmação de sua proposição de concorrer ao cargo.

Sempre que possível, quando o poder deliberativo for eletivo, é conveniente que seja composto em momento distinto daquele da eleição dos outros poderes, muito em especial quando lhe couber eleger os membros da Diretoria Executiva e do Conselho Fiscal.

13.7 Coordenação das eleições

Quando da ausência de previsão quanto à coordenação das eleições, naturalmente cabem essas deliberações ao Diretor-Presidente da entidade.

Importante, no entanto, inclusive para uma consistente autonomia e autoridade ao desembaraço eleitoral durante o período de realização do pleito, estabelecer a forma de compor uma mesa diretora das eleições. Cabe a observância de ser alheio de integrantes de chapa concorrente ao pleito, em nome da neutralidade nas decisões.

Como exemplo, será formada uma mesa diretora das eleições, por três membros, dentre estes um coordenador, alheios a qualquer chapa concorrente no pleito, indicados pelo Diretor-Presidente da entidade, cabendo a esta, fundamentalmente:

I – organizar o ato da realização das eleições;

II – seguir o edital de convocação, bem como o estabelecido no estatuto para a realização do pleito;

III – homologar as chapas consideradas habilitadas ao pleito, bem como identificar e divulgar os associados habilitados ao exercício de votar;

IV – executar o ato da realização das eleições, fazendo a coleta dos votos;

V – tomar as decisões que se fizerem necessárias relativas ao ato da votação, com fundamento no estatuto;

VI – fazer o escrutínio dos votos;

VII – deliberar sobre a apuração dos votos; e

VIII – declarar a chapa vencedora.

Para a lisura do pleito, é conveniente facultar a cada uma das chapas concorrentes a indicação de fiscais.

Como exemplo, é facultado a cada uma das chapas concorrentes ao pleito indicar um fiscal para acompanhar o processo eleitoral, inclusive de apuração dos votos, que transcorrerá normalmente mesmo sem a presença dos fiscais.

13.8 Habilitação de chapas ao pleito

Inicialmente, quando a eleição se realiza em ato presencial de Assembleia Geral, pode-se estabelecer que a coordenação faça a análise e habilitação das chapas ao pleito pelo ato da abertura da sessão.

No entanto, por questões logísticas de realização do pleito, e mesmo por interesse da entidade, pode ser conveniente e mesmo necessária a prévia análise e homologação das chapas, bem como adequado intervalo de tempo para possíveis recursos.

Como alternativas de critérios a serem estabelecidos quanto à forma de habilitação das chapas ao pleito, aqui apresentadas numa sequência cronológica em relação a prazos, e sempre em relação à data da realização da votação, que a homologação das chapas ao pleito, da qual não caberá novo recurso para a sua realização, se dará nos seguintes prazos máximos e condições:

I – a nominata de cada uma das chapas consideradas previamente habilitadas ao pleito será divulgada no máximo até vinte dias antes da data da realização das eleições, sem constar qualquer numeração de chapa, pelos meios eletrônicos disponibilizados pela entidade, bem como mediante comprovação dirigida ao candidato a Presidente de cada chapa inscrita;

II – o prazo para impugnação de chapa, ou de recurso para sua habilitação será de no máximo 17 dias antes da realização das eleições, em cujo pedido deverá constar toda a justificativa e documentação que se julgar necessária ou conveniente, não sendo objeto de adendos posteriores ao ato do protocolo da impugnação, que deverá ser feito de forma pessoal e diretamente na secretaria da entidade, em seu regular horário de funcionamento;

III – o resultado da análise de impugnação ou de recursos de chapas será dado no máximo até 14 dias antes da realização das eleições;

IV – no caso de a mesa diretora das eleições possibilitar o preenchimento de requisitos para habilitação ao pleito, o despacho será dirigido ao candidato a Presidente da referida chapa, por meio de ofício, e prioritariamente também por meio eletrônico disponibilizado pela entidade, o qual terá no máximo 48 horas do recebimento para atender ao preenchimento dos requisitos, sob pena de desclassificação da chapa, cujo atendimento ao preenchimento dos requisitos deverá ser feito mediante protocolo, também de forma pessoal e diretamente na secretaria da entidade;

V – a divulgação das chapas homologadas será feita até dez dias antes da realização das eleições, indicando: chapa única, quando for o caso, ou, quando houver mais de uma chapa homologada, enumeradas em ordem sequencial, crescente, partindo de chapa n.º 1, seguindo pela ordem de inscrição delas, conforme protocolo, considerando na contagem somente aquelas que forem homologadas; e

VI – a divulgação será feita aos associados por meio eletrônico disponibilizado pela entidade, bem como por exposição na sede da entidade.

Ainda, que a divulgação da lista dos associados habilitados ao exercício de votar se dará no mesmo prazo para divulgação das chapas homologadas, ou seja, até dez dias antes da realização das eleições.

A definição de adequado prazo e forma de impugnações e recursos, bem como dos respectivos julgamentos, promove o regular fluxo e a efetiva conclusão do pleito no prazo de tempo estabelecido no edital de convocação.

13.9 Quando da falta de chapas concorrentes ao pleito

Na ausência de chapa inscrita e habilitada ao pleito, em princípio, faz-se nova convocação para a realização das eleições, desde que ainda haja tempo suficiente nos mandatos em vigor.

Persistindo a falta de candidatos, como alternativa, criar uma diretoria provisória em ato da Assembleia Geral, estabelecendo um prazo para a realização de eleições, o que também pode ser feito já pelo ato da primeira convocação das eleições, especialmente quando coincidir com o término dos mandatos em vigor.

Convém, no entanto, evitar a renovação de prazo dos mandatos vigentes, para não incidir em vícios de repetição.

Também, de acordo com a dimensão da entidade e sua proposta funcional, pode definir-se pela formação de chapa única em ato de Assembleia Geral e nesse sentido, e como alternativa, prever que, em não havendo nenhuma chapa tempestivamente inscrita e habilitada ao pleito, será formada e votada chapa única no ato da realização da Assembleia Geral, podendo ser proposto e votado para os cargos eletivos qualquer associado em situação regular perante a entidade, inclusive quanto a sua elegibilidade, na forma do estatuto, ainda que não presente no ato, desde que mediante sua anuência.

13.10 Apuração dos votos

É conveniente deixar expresso ao conhecimento dos associados o momento da apuração dos votos, para fins de acompanhamento do ato, a exemplo de ter início:

I – imediatamente ao término da votação, quando realizada por escrutínio secreto de forma manual; ou

II – imediatamente ao término da votação, e no máximo no primeiro dia útil imediato da votação, quando realizado por meios eletrônicos.

13.11 Julgamento das eleições

Ainda que diante de consistente critério de realização das eleições, pode haver interesse, por parte de algum dos membros de chapas vencidas, de promover impugnação ou revisão do processo eleitoral.

Para essa possibilidade, ao menos administrativamente no âmbito da entidade, carece de se estabelecer um prazo máximo, tanto para impugnação das eleições quanto para o seu julgamento, para efetivamente considerar concluído o processo eleitoral ao efetivo exercício dos mandatos. O prazo deve ser coerente em relação a qual dos poderes for determinada a competência de julgamento, considerando a logística necessária para a realização do ato.

Também precisa entrar no mérito quanto à possibilidade de recurso da decisão, que, sendo permitido e no caso de caber a uma comissão julgadora, e essa considerar procedente pela anulação do processo eleitoral, em primeira instância, em princípio, é conveniente que o julgamento caiba à Assembleia Geral; ou propriamente à comissão julgadora, conforme já sugerido no desfecho do item 12.2, parte dois, deste livro, em especial quando da não existência de Conselho Deliberativo ou equivalente.

No entanto, a entidade pode estabelecer critério para considerar o julgamento das eleições já pelo ato do escrutínio dos votos e declarada chapa vencedora, bem como da concessão da posse, e mesmo que a posse venha a ser concedida em momento posterior, quando realizado perante o seu poder máximo, ou seja, em Assembleia Geral. Nesse caso, quanto ao momento das eleições, há de se considerar que as chapas contam com a possibilidade de constituir fiscal para o seu acompanhamento, o que, na alegação de possíveis inconsistências, se compreende que seja tratado pelo ato da referida Assembleia Geral.

Nesse sentido, e como alternativa, que:

I – o prazo para impugnação ou revisão das eleições será de no máximo três dias corridos da divulgação do seu resultado;

II – o resultado da impugnação ou revisão será dado no prazo máximo de três dias corridos da data do seu protocolo, por deliberação da comissão julgadora das eleições;

III – no caso de a comissão julgadora considerar procedente pela anulação do processo eleitoral, em primeira instância, será, no prazo de cinco dias corridos do parecer da comissão, convocada Assembleia Geral para o seu julgamento; e

IV – não caberá recurso administrativo da decisão.

Também, em parágrafo sequencial para identificação de contexto, que, realizado o escrutínio dos votos das eleições e declarada chapa vencedora, tudo em ato presencial da Assembleia Geral, ainda que a posse venha a ser concedida em ato posterior, fica automaticamente considerado o julgamento das eleições, não cabendo recurso administrativo sobre a matéria.

13.12 Recomposição de membros

Especialmente quando os poderes são formados sem a composição de membros suplentes, a entidade fica mais sujeita à recomposição de cargos vagos para conclusão dos mandatos vigentes.

Para evitar convocações extraordinárias, mobilização dos associados e dispêndios adicionais, além da composição de membros suplentes, quando possível, a entidade pode estabelecer uma quantidade mínima de membros de cada poder para sua funcionalidade, quando a partir de então se faça necessária sua recomposição.

Como exemplo, também podendo entrar no mérito quanto a outros poderes, quando existentes: será necessariamente objeto de recomposição de cargos para conclusão dos mandatos em vigor, quando deixar de ser composto:

I – integralmente dos cargos de Diretor-Presidente, Secretário e Tesoureiro da Diretoria Executiva; ou

II – o quadro efetivo do Conselho Fiscal.

De forma complementar, prioritariamente em parágrafos sequenciais para a identificação de contexto, que:

I – o poder competente da entidade poderá, em qualquer tempo, ainda que não obrigatoriamente, proporcionar o preenchimento dos cargos vagos;

II – será necessariamente objeto de nova eleição sempre que deixar de estar preenchido o cargo de Diretor-Presidente; e

III – no caso da incidência de eleições para recomposição de membros dos seus poderes, a indicação de candidatura aos respectivos cargos vagos será feita pelo Diretor-Presidente, sendo objeto de votação, resultado da votação e posse, tudo em ato presencial da mesma Assembleia Geral.

Ainda, a entidade pode incidir em vacância coletiva da Diretoria Executiva. Neste caso, e como alternativa, a Assembleia Geral para realização de eleições deverá ser convocada pelo Diretor-Presidente renunciante, ou por qualquer dos seus membros, caso o Diretor-Presidente não a convoque.

13.13 Posse

Trata-se de momento magno da entidade, de revestir de poder ao exercício do cargo em que se investe, mediante formal e oficial crédito de confiança, resultado de votação.

A posse dos membros dos cargos eletivos da entidade é ato necessário ao efetivo e público exercício dos seus respectivos mandatos. Tanto o público interno quanto aquele externo da entidade carece desse conhecimento. E propriamente a memória da entidade.

Quanto ao momento da posse, cabe a observação que para a oficial habilitação dos novos membros dos poderes eleitos junto ao órgão próprio de registro, bem como para as necessárias formalizações cadastrais de Estado e bancárias, ao seu legal e reconhecido exercício, pode demandar tempo.

Nesse sentido, a entidade pode optar por conceder a posse na mesma Assembleia Geral das eleições, ou em Assembleia Geral posterior, compreendido como o ato da posse, para início dos mandatos em data posterior, coincidente com aquela que for estabelecida no estatuto. Isso faz com que, também perante os órgãos oficiais e bancários, a entidade mantenha contínua e oficial capacidade de gestão no período de transição dos mandatos.

É importante que se faça coincidir o início e o término dos mandatos sempre na mesma data-calendário, para sua regular vigência.

Na definição quanto ao momento da posse e forma de sua realização, convém analisar pelo menos os seguintes fatores:

I – dimensão da entidade, inclusive territorial;
II – dimensão do processo eletivo;
III – logística de realização;
IV – investimento financeiro para sua realização;
V – público almejado para o ato;
VI – conotação de caráter público perante a sociedade, lideranças e autoridades;
VII – vínculos de apoio, inclusive públicos;
VIII – publicidade;
IX – ato de confraternização; e
X – cultura gerada, ou a ser gerada na entidade, relativa ao ato.

Portanto, quando for estabelecido que a concessão da posse se dará em ato próprio, portanto em ato distinto da realização das eleições, se saberá que incidem dispêndios e logística específicos.

Quanto à vigência dos mandatos, em sendo estabelecido que o início e o término sejam coincidentes com o ano civil, ou seja, com início no primeiro dia do mês de janeiro e término em trinta e um de dezembro, independente da quantidade de anos que for estabelecida quanto a sua vigência, também leva a coincidir com fechamento de balanço anual, emissão de livros e relatórios anuais. Portanto, facilita para o documental endosso dos atos de cada gestão e propriamente para a realização do planejamento.

No entanto, cabe a cada entidade estabelecer a vigência dos mandatos na forma que lhes seja conveniente, bem como o momento das eleições e da posse. Inclusive a fazer coincidir com a Assembleia Geral a prestação de contas anuais, se for o caso, no sentido em reduzir a quantidade de convocações de Assembleia Geral.

Também é imprescindível se estabelecer a quem compete dar posse aos membros eleitos.

Nesse sentido, e como exemplos:

I – Quanto ao ato da posse, que o ato da posse dos membros dos poderes da entidade será realizado:

a) na mesma Assembleia Geral das eleições; ou
b) no máximo trinta dias após a realização das eleições; e
c) necessariamente na mesma Assembleia Geral da eleição quando para a recomposição parcial dos seus membros, para o imediato exercício de suas funções estatutárias.

II – Quanto à concessão da posse, que a posse dos membros eleitos será dada, e necessariamente nesta ordem:

a) pelo Diretor-Presidente, desde que também não esteja para ser empossado;
b) pelo coordenador das eleições; ou
c) por um dos membros da Diretoria Executiva ou do Conselho Fiscal vigentes presentes na sessão.

III – Quanto ao recebimento da posse, que todos os membros eleitos são considerados empossados, ainda que eventualmente ausentes na sessão.

Finalmente, para a transição de gestão, quando a eleição e posse forem realizadas em momentos distintos daquele da prestação de contas anual, ainda que de forma parcial, do exercício financeiro, é importante estabelecer a obrigatoriedade da apresentação das contas e das atividades da gestão, ainda que sujeita à aprovação das contas anuais, na forma estabelecida no estatuto.

A título de exemplo, que para o momento da transição dos mandatos, quando a posse for concedida em momento distinto daquele da prestação de contas anuais, a Diretoria Executiva vigente fará a apresentação das contas e atividades da gestão vigente, ainda que parcialmente em relação ao exercício financeiro anual, de forma simplificada, e como demonstração, ficando sujeito à aprovação das contas anuais na forma estabelecida no estatuto:

I – antes do ato das eleições, e na mesma Assembleia Geral, quando as eleições e a posse dos membros eleitos forem realizadas em ato presencial da Assembleia Geral; ou

II – antes do ato da posse dos membros eleitos, e na mesma Assembleia Geral, quando a posse for dada em momento posterior ao da realização das eleições.

13.14 Perda do mandato

Por deliberação do poder competente da entidade, pode que algum membro eleito venha a incidir em perda de mandato.

Para que os trâmites e procedimentos ocorram de forma fundamentada, justificada, e se torne conclusivo num determinado tempo, é conveniente estabelecer os procedimentos a serem seguidos.

Como exemplo: a perda de mandato será admissível somente havendo justa causa, mediante procedimento disciplinar e devidamente julgado pelo poder competente da entidade, garantida a ampla defesa, na forma do estatuto, quando se comprovar:

I – grave violação do estatuto;

II – malversação ou dilapidação do patrimônio da entidade;

III – abandono do cargo, assim considerada a ausência não justificada em três reuniões consecutivas ou alternadas;

IV – aceitação de cargo ou função incompatível com o exercício do cargo que exerce na entidade;

V – condenação por atentado contra a integridade da pátria ou contra instituições do país, ou ainda decorrente de condenação criminal por ato doloso contra a vida ou o patrimônio; ou

VI – que sem motivo justificado e devidamente reconhecido pelo poder competente da entidade, estiver em débito com a tesouraria com três vencimentos ou mais, desde que sejam obrigatórios por força do estatuto.

13.15 Normatizações complementares

Ainda que mediante consistente previsão de diretrizes quanto à realização das eleições, pode que a entidade venha identificar a necessidade de regramentos complementares.

Para essas deliberações, é conveniente atribuir competência para algum dos seus poderes, sem que haja a necessidade de alteração do estatuto, desde que não o contrarie.

E que seja da competência de poder hierarquicamente superior da Diretoria Executiva mesmo cabendo a essa sua proposição, preservando equivalentes oportunidades na concorrência do pleito, à transparência e à própria preservação da autoridade administrativa, dados possíveis efeitos diretos quanto à composição dos poderes.

Exemplificando, que, preservado o teor estatutário, bem como tempestivamente à expedição do edital de convocação das eleições, o poder competente da entidade poderá estabelecer regramentos complementares das eleições, cabendo à Diretoria Executiva sua proposição.

14
Patrimônio

Compreende-se como patrimônio o contexto que se expressa em valor monetário relativo a uma entidade, seja pessoa física, ou jurídica.

Dentro desse contexto também estão os seus haveres, os seus compromissos perante terceiros e propriamente o saldo do seu patrimônio, seja positivo ou negativo.

Portanto, o conceito de patrimônio compreende todos os valores da entidade, expressos monetariamente, e não somente aqueles do patrimônio ativo, que, dentre os mais diversos detalhamentos, se compõe fundamentalmente de:

I – saldos monetários correntes e aplicações financeiras;
II – obrigações de terceiros para com a entidade;
III – bens móveis, inclusive veículos e equipamentos;
IV – bens imóveis;
V – investimentos;
VI – títulos e outros valores monetários legalmente constituídos;
VII – valores intangíveis, como marcas e patentes; e
VIII – materiais, inclusive apetrechos e utensílios que venha a possuir.

Quanto ao saldo do patrimônio (patrimônio líquido, ou sobra), é compreendido pela diferença entre os valores ativos, em confronto com as obrigações perante terceiros, ou seja, com os valores passivos. Podem mesmo ser equivalentes, iguais, portanto incidindo em saldo zero.

Diante desse conceito, tornam-se aleatórias previsões estatutárias quanto a detalhamentos relativos à natureza da composição do patrimônio, pois trata-se de classificação patrimonial e propriamente de técnica contábil, o que, normalmente, se aplica em todas as entidades.

O patrimônio da entidade sem finalidade lucrativa deve, sim, estar sujeito ao crivo quanto à sua função social (atividades) e suas finalidades, e não propriamente quanto à natureza de bens patrimoniais.

A deliberação na formação do patrimônio cabe à própria entidade, no exercício das suas funções, estando sujeita à fiscalização, inclusive pública, de

Estado. A entidade pode ainda receber como doação algum patrimônio que pela sua natureza não se aplica na função da entidade, e efetivamente fazendo parte do seu patrimônio, que, no caso, certamente, no momento mais oportuno, e conveniente, será convertido em valores de outras classificações patrimoniais adequadas aos fins da entidade, como, por exemplo, financeiros.

Nesse sentido, convém seja de alguma forma previsto que compreendem o patrimônio da entidade, todos os valores ativos e passivos que licitamente venha a possuir, e legalmente lhe couberem, inclusive seus haveres, seus domínios, a exemplo de marcas, suas obrigações perante terceiros, e possíveis sobras (superávit), vindo sua formação, movimentação e aplicação necessariamente ao encontro do bom funcionamento da sua função social, na realização das suas finalidades, e sempre mediante documentação e/ou meios idôneos.

Isso, por si só, estabelece legais e suficientes parâmetros contábeis, jurídicos, de gestão e de fiscalização para as expectativas dos seus associados e demais usuários. Seu detalhamento só ocorrerá se for por interesse da entidade, ou na incidência de ordens legais, no caso referindo-se ao seu possível patrimônio ativo, o que, em princípio, não se justifica.

Quanto à documentação e/ou meios idôneos, inclusive da movimentação financeira, ainda que já diante de ordem legal, e propriamente de cunho moral, quando prevista estatutariamente, reedita ao seu cumprimento, à transparência e à boa gestão.

Uma vez tratando-se de documentação idônea, dispensa seu detalhamento, por ser abrangente, o que vai além de nota fiscal, como nos casos de:

I – contrato de compra e venda de veículo;

II – escritura pública;

III – guia de pagamento de impostos, taxas, contribuições, emolumentos públicos; e

IV – recibo de salários.

Convém, no entanto, tornar expresso que a movimentação patrimonial, inclusive financeira, será devidamente contabilizada, ao menos na orientação da lei, sob a responsabilidade do Diretor-Presidente e do Tesoureiro da entidade, no compromisso de gestão. Ainda, pode-se estabelecer prioridade quanto à forma da movimentação, a exemplo de bancária.

Quanto a saldos do patrimônio, na entidade sem fins lucrativos, por não visar a lucros, como nomenclatura, convém serem compreendidos e mencionados como *sobras,* ou *superávit,* quando positivos, e como *déficit,* quando negativos, por serem casuais. Difere-se, portanto, daquelas com finalidade de lucro, cujos resultados denominam-se propriamente como *lucro,* quando positivos e como *prejuízo,* quando negativos.

Quanto **à movimentação patrimonial relativa a bens imóveis, é** conveniente atribuir capacidade deliberativa a um dos relevantes poderes colegiados da entidade. Trata-se de domínio, propriedade, sobre determinada área territorial do planeta, ainda que mediante ambiente compartilhado em forma de condomínio, ou demarcação. Basta ver a história de confronto por divisas, inclusive entre nações, etnias, culturas sociais, civilizações, por exemplo, para acessar um domínio territorial.

Por isso, tanto legalmente quanto de gestão, é mais criterioso o procedimento de compra e venda de um imóvel, ainda que considerado de baixo valor monetário, que propriamente movimentar fortunas financeiras.

No sentido de estabelecer garantias relativas ao patrimônio, como alternativa, que a entidade não poderá ceder, emprestar ou disponibilizar qualquer parte do seu patrimônio a terceiros sem que haja relação de afinidades estatutárias, bem como somente poderá gravar com ônus, oferecer em garantia ou avais qualquer parte do seu patrimônio com a expressa autorização do seu colegiado poder competente, sempre em observância à legislação pertinente, quando sujeito.

A expressa obrigatoriedade de manter com regularidade os registros de controle de bens patrimoniais e consequentes obrigações acessórias de ordem legal, em especial quanto a imóveis, veículos, proteção de nome, marcas e patentes, promove o regular cumprimento dessas obrigações quando sujeito.

A Diretoria Executiva visa à dinâmica de gestão. E juntamente com os associados, e demais usuários da entidade, em contar com adequados mecanismos no zelo com o patrimônio.

Em princípio, também em relação ao patrimônio, a própria formação da lei, e na sua interpretação, deve estar alinhada aos fundamentos e às conceituações técnico-científicas de contabilidade.

14.1 Natureza das fontes de recursos

Para o exercício de sua função social, toda entidade jurídica carece de recursos financeiros e materiais na formação de sua arrecadação.

Na entidade sem fins lucrativos, ainda que sua arrecadação também venha a ser formada por sobras (superávit) pelo exercício de suas atividades na forma legalmente permitida, dado o caráter de colaboração voluntária, de bondade e, portanto, de contribuição, carece de previsão quanto à natureza das fontes e a forma da sua arrecadação. Trata-se da natureza das fontes de recursos, pois nem sempre é possível a efetiva previsão de todas as fontes de recursos, no que se refere especificamente à pessoa física ou jurídica que a realiza.

A relação com o Estado leva a essa exigência, em especial para fins de enquadramento e tratamento tributário, e possíveis benefícios fiscais. Serve de orientação de gestão administrativa da entidade, com vistas à legalidade e à legitimidade na sua condução e exercício.

Exemplo de previsão quanto à natureza das fontes de recursos na formação da arrecadação, no que couber e convier: a arrecadação da entidade, sempre em observância de sua natureza jurídica, funções e finalidades estatutárias, enquadramento tributário e possíveis benefícios fiscais, na permissão da lei vigente, será constituída fundamentalmente pela natureza das seguintes fontes de recursos:

I – contribuições ordinárias a serem pagas pelos associados, quando estabelecidas pelo seu poder competente;

II – contribuições espontâneas feitas por seus associados;

III – patrocínios que receber;

IV – doações, contribuições, donativos, usufruto e legados de qualquer natureza, inclusive testamentários, feitos por pessoas físicas ou jurídicas, inclusive entidades sociais, nacionais ou internacionais, que porventura receber;

V – doações, subvenções, convênios e auxílios, oriundos de órgãos públicos municipais, estaduais, federais e autarquias, inclusive internacionais, quando legalmente permitido;

VI – superávit de convenções, seminários, congressos, feiras promocionais legal e especialmente autorizadas, cursos, promoções técnicas, atualizações profissionais, treinamentos, eventos culturais, esportivos, festividades sociais e confraternizações que realizar ou de que participar;

VII – resultados financeiros, em especial quanto a juros, multas, descontos, bonificações e correção monetária;

VIII – proveniente da utilização ou alienação de imóveis, dependências e outros bens patrimoniais da entidade;

IX – veiculação e circulação de periódicos, livros e similares;

X – incentivos fiscais, desde que legalmente constituídos; e

XI – outros valores legalmente constituídos, compatíveis com a função social e respectivo tratamento tributário da entidade.

Também, como orientação de gestão, e em nome da transparência, inclusive perante a fiscalização, é importante estabelecer que, promoções que possam gerar arrecadação compartilhada com outras entidades devem ser clara e devidamente estabelecidas entre as partes.

14.2 Despesas

A aplicação de recursos em despesas de funcionamento nas entidades sem fins lucrativos é, por excelência, matéria objeto de fiscalização.

São inevitáveis em qualquer entidade jurídica, ainda que para consequentes obrigações acessórias de ordem legal, a exemplo de informações periódicas ao fisco e taxas de serviços públicos.

Os recursos aplicados, ou seja, utilizados, em despesas, efetivamente saem do patrimônio da entidade.

Em princípio, não há que se confundirem despesas com possíveis custos, a exemplo de matéria-prima aplicada na formação de um produto, ou da contratação de um docente na realização de um curso, por também estar associado a um componente de custos na formação de um produto. No entanto, quando a entidade não visa a lucros, esses dispêndios, ainda que esporádicos, passam a estar associados a despesas. Portanto, convém entrar no mérito, e assim serem tratados como despesas.

Nas entidades sem fins lucrativos, por necessariamente seus recursos serem aplicados nas suas expressas finalidades, também são facilmente questionáveis, tanto no seu ambiente interno, quanto pela fiscalização pública, e especialmente pelo seu público contribuinte.

Nesse sentido, como previsão orientada e propriamente quanto à segurança jurídica relativa aos procedimentos administrativos, e como declaração ao fisco, torna-se imperioso estabelecer o que a entidade sem fins lucrativos considera admissível como despesas, encargos, para o seu funcionamento. E devem estar em consonância com as funções e finalidades em que a entidade se estabelece, e em sua defesa, bem como aos incentivos fiscais que o Estado possibilita.

Como exemplos de previsão quanto a despesas e encargos, no que couber e convier à entidade para seu regular funcionamento, sempre que for necessário ou conveniente, fica sujeita, dentre outros compatíveis com a sua função social e as finalidades estatutárias, à incidência dos seguintes encargos e despesas:

I – material de expediente, higiene, limpeza e segurança;

II – água, luz, telefone;

III – seguros, aluguéis, condomínio, manutenção e conservação de bens e materiais;

IV – consumo de combustíveis e lubrificantes;

V – tecnologia;

VI – despesas com pessoal, compreendendo remunerações, encargos, seguros e assistência social, gratificações, treinamentos, alimentação, uniformes e alojamento, dentre outras correlatas;

VII – assessorias e consultorias, dentre outros serviços e honorários considerados necessários ao bom funcionamento da entidade;

VIII – viagens e estadas que se fizerem necessárias;

IX – intercâmbios;

X – divulgações, inclusive de gestão;

XI – confraternizações, agraciamentos, condecorações, comendas, eventos sociais, culturais, esportivos, e festividades que realizar, ou de que participar;

XII – congressos, convenções, seminários, palestras, treinamentos, bem como cursos de natureza social, cultural, de gestão, técnico-científicos, promoções e feiras, quando legal e especialmente autorizadas, que a entidade realizar ou de que participar;

XIII – multas, juros, correção monetária, amortizações e indenizações de qualquer natureza, sempre que se fizer necessário e estejam associados ao bom funcionamento da entidade;

XIV – pesquisas, ensaios, testes e projetos relativos no exercício da sua função social;

XV – contribuições de natureza beneficente; e

XVI – cumprimento tributário, inclusive impostos, taxas e contribuições, dentre outras onerações decorrentes de lei, quando na esfera governamental arrecadatória legalmente cabível, garantindo os benefícios que pela sua natureza jurídica e funcional da entidade lhe couberem.

Pode que o desembolso em despesas da entidade inicialmente seja feito com recursos de terceiros, a exemplo de seus diretores quando em viagem. Nesse sentido e para a dinâmica de gestão, é importante estabelecer, de alguma forma descrita, que a entidade através de seu poder competente poderá fazer reembolso de despesas efetivamente realizadas, quando e na forma devidamente autorizadas.

Também, para dar segurança aos membros da Diretoria Executiva no exercício executivo, é conveniente ser de previsão, de alguma forma descrita, que o reembolso feito aos diretores ou membros da Diretoria Executiva se realizará, ainda, em conexão com a defesa em juízo de qualquer ação ou processo pelo qual eles ou qualquer um deles sejam envolvidos pelo fato de exercerem ou terem sido diretores, ou exercido mandato eletivo de Diretoria Executiva, exceto em relação a matérias pelas quais qualquer uma dessas pessoas, ou conjunto delas, sejam julgadas em tal ação ou processo, culpadas por má condução voluntária no desempenho do cargo.

Ainda, visando a promover segurança administrativa, é importante estabelecer orientação prioritária quanto à aplicação dos recursos da entidade.

Exemplificando: A entidade, em observância às disposições estatutárias e àquelas regimentais, quando existentes, priorizará a aplicação dos recursos patrimoniais, em especial aqueles financeiros, na seguinte ordem:

I – na regularidade funcional da entidade e em sua defesa;
II – na realização das programações ordinárias, quando existentes; e
III – na realização de objetivos e metas estabelecidos administrativamente mediante planejamento estratégico.

Pode que dada sua função social, finalidades e organização, a entidade venha a ter apoio por meio de recursos públicos, inclusive patrimoniais, em especial financeiros, ao seu funcionamento, cabendo, sim, inclusive ao conforto e à segurança do Estado, e à própria motivação deste na concessão de apoio, a expressa responsabilidade mediante previsão estatutária, independente daquela contratual, ou de convênio, quando existentes. Exemplo: que a entidade é responsável pela legal aplicação dos recursos públicos que venha a receber, na forma autorizada, inclusive quando mediante convênio, ou contrato, bem como da respectiva prestação de contas, quando sujeito, que deverá ser feita em observância aos prazos e condições neles estabelecidos, bem como às normas legais vigentes, ao reconhecimento dos órgãos competentes de Estado.

15
Regime financeiro, livros fiscais e contábeis

Toda entidade jurídica está sujeita à exposição dos seus atos e fatos administrativos. Ao menos periodicamente, durante um determinado período decadencial estabelecido, seja por determinação de Estado, ou por deliberação dos poderes da entidade.

Perante o Estado, isso se faz necessário para fins de gestão pública, controle e propriamente na arrecadação e aplicação do erário público. Migra para informações instantâneas.

Perante a entidade, ao conhecimento dos seus associados, e demais usuários no que couber. E a percorrê-los, para tomadas de decisões.

Daí a incontestável e útil definição de um regime financeiro em cada entidade, tanto para fins de prestação de contas, periódico, bem como para guarda do seu acervo documental, permanente, ou periódico, de acordo com a sua importância, utilidade, exigências de lei e de gestão.

15.1 Regime financeiro

Resultados patrimoniais podem ser apuados referentemente a qualquer intervalo de tempo.

No entanto, regime financeiro trata-se de período anual, mediante data final expressamente determinada para fins de apuração de resultados, respectivas prestações de contas e emissão de relatórios, livros contábeis e fiscais pertinentes.

Ao menos anualmente, balanço e prestação de contas são matérias imprescindíveis, inclusive aos princípios e procedimentos contábeis e administrativos. E independente do contexto da entidade, do seu patrimônio e do seu movimento.

Ocorre que, em princípio, perante o Estado, em cada Nação, o regime financeiro é estabelecido por força de lei, normalmente coincidente com o encerramento do ano-calendário. No caso do Brasil, encerra-se em trinta e um de dezembro. Cabe a cada entidade a observância da jurisdição a que esteja sujeito, e a vigência da lei.

Portanto, anualmente, a entidade já fica sujeita à prestação de contas perante o Estado, com data final do período expressamente estabelecida por este.

Antes, porém, a entidade deva estar proposta a prestar contas perante os seus associados, aos seus interesses. E, para isso, deve estabelecer seu próprio regime financeiro anual.

Nesse sentido, quando a entidade faz coincidir o seu regime financeiro com aquele estabelecido pelo Estado, reduz a incidência de obrigações ordinárias da entidade. Ou seja, ordinariamente, apura-se resultado referente ao mesmo período, tanto para fins de prestação de contas perante o Estado, quanto perante a entidade, inclusive formando sintonia de informações.

Para isso, basta de alguma forma constar que o regime financeiro da entidade é coincidente com aquele determinado pelo Estado, portanto com o ano-calendário, encerrando-se em trinta e um de dezembro quando assim pelo estado for estabelecido.

15.2 Livros fiscais e contábeis

Por excelência, o livro diário é o espelho, a essência da ciência que trata do patrimônio, contábil. É a fonte histórica do patrimônio de qualquer entidade jurídica, onde também se incluem balanço e demonstrações financeiras, fundamentados em inventário (identificação da real existência de cada parte do patrimônio e seu respectivo valor monetário, na observância da ciência contábil e da lei), bem como do livro razão, o qual indica o movimento individualizado de cada uma das contas, a exemplo da conta caixa, das receitas por doações e das despesas de combustíveis e lubrificantes.

Diz respeito aos usuários internos e externos da entidade; portanto, sua escrituração é de compromisso moral e administrativo, antes mesmo que de ordem legal. Quando os interesses sobre o patrimônio se pluralizam, carece de ser demonstrado mediante consistente e confiável mecanismo de elaboração, prioritariamente técnico. Todos visam a essas garantias relativas ao patrimônio em que de alguma forma tenha participação, seja na sua composição e/ou como beneficiário, seja na entidade pública, de caráter público, mista, ou privada.

Livros fiscais e contábeis são mapas de origem e aplicação do tesouro da entidade, de apuração de resultados, bem como de indicativo na formação do erário público, a exemplo de impostos. São fontes para análise na tomada de decisões administrativas, fiscais, governamentais, judiciais, periciais, de auditoria, deliberações de recuperações fiscais, deliberações sobre falências, dentre as mais diversas informações relativas ao patrimônio, inclusive de caráter social, por conta do Estado.

Trata-se de registros contínuos, e resoluções, da entidade, fundamentados em procedimentos técnico-científicos, e na orientação da lei, para as mais diversas deliberações.

Além daqueles obrigatórios por lei, quando sujeito, cada entidade utiliza os livros e/ou mecanismos de registro e de controles que administrativamente lhes convierem.

Livro obrigatório por força de lei pode existir, passar a existir e mesmo deixar de existir. Em especial quanto à forma de apresentação, inclusive diante da evolução tecnológica, em que, acima de tudo, o interesse é pelas informações, tempestivas, em técnica e metodologia apropriada aos fins que se visa a produzir.

Nesse sentido, e mesmo como orientação administrativa, é importante deixar expresso o que a própria entidade determinar como necessário ao cumprimento quanto a livros contábeis e administrativos, bem como estando sujeita ao cumprimento daqueles que forem obrigatórios por lei pertinente à entidade.

Como alternativa, que a entidade cumprirá com regularidade as exigências legais quanto a livros e informações de Estado pertinentes à entidade, tendo necessariamente:

I – livro caixa;
II – livro diário;
III – livro razão contábil;
IV – livro de inventário dos bens patrimoniais; e
V – outros livros e/ou relatórios que forem estabelecidos pelos poderes competentes da entidade.

Quanto à responsabilidade dos atos e fatos administrativos, naturalmente cabe ao respectivo Diretor-Presidente, durante os seus efetivos mandatos. No entanto, os mandatos podem ou não coincidir com o encerramento do exercício financeiro, momento em que, periodicamente, se relatam livros e se apuram resultados.

Nesse sentido, para melhor segurança jurídica e administrativa aos novos gestores, é importante estabelecer critérios e previsões para fins de assinatura e reconhecimento dos livros e relatórios por parte de cada um dos Diretores-Presidentes, relativos aos seus respectivos mandatos.

Como alternativa, cabe ao Diretor-Presidente assinar os livros contábeis, fiscais e o relatório de atividades do período da sua gestão, mesmo que em momento posterior ao encerramento do seu mandato. E, ainda que forem assinados por sucessor, os referidos atos e fatos são da inteira responsabilidade da sua gestão.

Quanto ao acervo documental, em atendimento ao fisco, aos associados e aos demais usuários da entidade, e independente de ser ou não mediante recursos magnéticos, e por força de lei, torna-se imprescindível que sua guarda e conservação sejam da expressa responsabilidade do seu Diretor-Presidente. E, propriamente, em local definido, na permissão da lei.

Como alternativa, cabe, nos prazos decadenciais estabelecidos em lei, e adicionalmente pelos poderes da entidade, a responsabilidade pela guarda, conservação e responsabilidade do acervo documental da entidade, ao seu Diretor-Presidente, na sede da entidade, em escritório profissional de sua responsabilidade técnica, ou em outro local expressamente determinado, sempre na permissão da lei. E, salvo quando de ordens legais, disponibilizado para consultas na sede da entidade, em observância ao estatuto, mediante autorização do Diretor-Presidente.

16
Departamentos, setores, comitês, comissões...

Dada a dimensão e proposta funcional da entidade, pode tornar-se conveniente e até mesmo necessária a criação de departamentos, setores, comitês, e comissões, dentre outras estruturas funcionais.

Portanto, como alternativa, prever que a entidade poderá criar departamentos, setores, comitês e comissões, dentre outras estruturas administrativas que julgar necessário ou conveniente, sendo que:

I – poderão ser permanentes, ou transitórios, e se extinguirão uma vez preenchidas as finalidades às quais se destinarem, exceto aqueles criados estatutariamente;

II – prioritariamente serão coordenados por:

a) membro eleito especificamente para a função; ou

b) por integrante da Diretoria Executiva, devidamente constituídos pelo Diretor-Presidente; e

III – as matérias objeto dos departamentos, setores, comitês e comissões estarão sujeitas às deliberações finais por parte dos respectivos poderes competentes da entidade.

Quando da existência de coordenadores especificamente eleitos para coordenar qualquer dessas estruturas administrativas, convém sejam criadas estatutariamente, pois isso sugere sua permanência.

Quanto às coordenações, de serem exercidas por membros eleitos da entidade, é conveniente para dar autenticidade ao exercício das suas funções, bem como visando a estabelecer segurança jurídica à entidade quanto a questões laborais, e seus reflexos pela legislação pertinente, na caracterização do trabalho voluntário, fundamentado no estatuto, decorrente do exercício de liderança, autonomia e atuação contínua. Para os demais integrantes, para fins de controle de gestão, seja autorizado pelo Diretor-Presidente.

Quando criados estatutariamente, desde que seja imprescindível sua criação e a ser de funcionalidade permanente, convém apenas entrar no mérito quanto a sua parte estrutural. Detalhamentos são objeto de gestão. Exemplos de parâmetros na criação de estruturas funcionais:

I – sua titulação, a exemplo de departamento, setor, comitê ou comissão;
II – sua função a ser exercida;
III – seus objetivos;
IV – que os trabalhos contínuos, em especial dos coordenadores quando não especificamente eleitos para o cargo, serão exercidos prioritariamente por membros da Diretoria Executiva, devidamente constituídos pelo Diretor-Presidente;
V – será composto por membros de apoio conforme a necessidade, mediante reconhecimento do Diretor-Presidente; e
VI – funcionará em caráter permanente.

17
Títulos honoríficos

Ainda que desprovido de consciente presunção, é da natureza humana honraria ser objeto vital e sensível ao estímulo, à glorificação e ao fortalecimento do próprio ego.

Títulos honoríficos são honrarias, com o caráter de comenda, a exemplo de benemérito, jubilado, honorário, dentre outros.

Revela mérito reconhecido, público e formal, num dado momento.

Portanto, prioritariamente, a ser distinto da condição de associado ou categoria de associado decorrente dessas condecorações. Ou seja, que possa incidir em condecoração sendo associado, ou por ser associado, em determinadas situações, porém não necessariamente passar a ser associado por ter recebido condecoração (ver item 11.1, parte dois, deste livro).

A honraria é perene, como reconhecimento de causa, de cunho social, fato que não se apaga ainda que venha a ser anulada sua concessão.

Quem recebe honraria é para estar alheio de compromisso, pois a decisão é de quem a concede e é decorrente de fatos comprovados. Inclusive para gerar desprendimento, e propriamente um natural sentimento fraternal.

Na prática, incide sim em comprometimento moral, de respeito e honradez.

Nesse sentido, convém deixar expressa a natureza dos títulos honoríficos que a entidade admite conceder. Exemplo: que a entidade poderá conceder, na forma do estatuto e por deliberação do seu poder competente:

I – título honorífico de benemérito;
II – título honorífico de jubilado; e
III – outras formas de honraria, exclusivas de caráter interno da entidade.

Também de se prever, de alguma forma descrita, que honraria concedida pela entidade reveste o caráter de comenda, portanto não gera compromisso presente ou futuro por qualquer das partes, honrada ou honradora, e quando concedida a não associado:

I – possibilita ao agraciado participar de confraternizações, dentre outros eventos, mediante convite feito pelo Diretor-Presidente;

II – o agraciado não reveste a condição de associado, de votar ou ser votado por decorrência de qualquer recebimento de honrarias; e

III – cabe ao agraciado o zelo pela imagem da entidade.

Há de ser objeto de concessão quando de forma relevante e justificadamente meritória, e nesse sentido deve ser objeto de deliberação por relevante poder colegiado da entidade, dado seu comprometimento moral.

Dada a relevância expositiva e visando à isonomia da concessão, é conveniente que os critérios fundamentais de concessão sejam estabelecidos em atos formais da entidade. Prioritariamente no estatuto social, ou em regimento interno, e por natureza de honraria.

Pode incidir em situações previsíveis, ou não. Exemplos:

I – por tempo de associado;

II – por ter prestado relevantes serviços à entidade;

III – por ter enaltecido a imagem e o fortalecimento da entidade, seja na sua defesa, promoção, divulgação, organização, seja de cunho moral;

IV – por relevante atuação e/ou promoção da solidariedade social;

V – por ter manifestado elevado espírito de colaboração ao bom desempenho e eficácia do poder público; ou

VI – por ter concorrido de forma relevante na formação patrimonial da entidade, inclusive quanto ao aspecto financeiro.

Moralmente, compromete-se pelo mérito mesmo quem parabeniza, o que é salutar.

Propriamente o elogio carece de ser sincero e meritório, para o seu próprio reconhecimento.

18
Disposições gerais, especiais, transitórias e finais

Mesmo que mediante consistente detalhamento sumário, a entidade sempre incide num contexto de informações e previsões típicas de disposições gerais, por não se associar diretamente com outros tópicos específicos.

E ainda assim pode tornar conveniente seu desmembramento, a exemplo de disposições gerais, especiais, transitórias e finais. Inclusive pelo ato da constituição da entidade. Especialmente quando da incidência de modificação do estatuto.

Essa natureza de informações normalmente é percorrida para situações especiais. Diferem, portanto, daquelas de constante acesso à sua identificação. Por isso é conveniente constar em tópico específico de disposições gerais, especiais, transitórias e finais, no grau de detalhamento em que a entidade julgar conveniente.

Todas, no entanto, igualmente importantes, e mesmo necessárias na condução da entidade, e propriamente na sua identificação.

18.1 Disposições Gerais

Segue rol de matérias em princípio cabíveis de serem classificadas em tópico de disposições gerais, apenas como exemplos e independente da forma descrita, ou mesmo que seja de previsão legal:

18.1.1 *Quanto à autonomia da entidade*

Que a entidade preservará estatutária e regimentalmente, dentre outras deliberações dos seus poderes competentes fundamentadas no seu estatuto, nos termos que lhes são conferidos pela lei vigente, sua autonomia de gestão administrativa, jurídica, financeira, patrimonial, e disciplinar, perante seus associados, pessoas físicas, jurídicas, inclusive instituições públicas, autarquias e demais entidades, nacionais ou internacionais, atuando no sentido da solidariedade social e da prevalência do interesse nacional.

18.1.2 *Quanto à aplicação dos recursos e possíveis sobras* (superávits)

Que a entidade não visa a lucros, bem como não distribui qualquer parcela do seu patrimônio, de sua arrecadação ou possíveis sobras (superávit), aplicando seus recursos na forma do estatuto.

18.1.3 *Quanto à prática de gestão*

Que a entidade, em observância aos princípios da legalidade, impessoalidade, moralidade, publicidade, economicidade e eficiência, adotará prática de gestão administrativa necessária e suficiente a coibir a obtenção de forma individual ou coletiva de benefícios ou vantagens pessoais.

18.1.4 *Quanto à responsabilidade dos associados*

Que os associados, mesmo que investidos na condição de membros eletivos da entidade, não respondem solidária e nem mesmo subsidiariamente, pelos encargos e obrigações da entidade.

18.1.5 *Quanto a vedações de caráter institucional*

Que a entidade não fará qualquer discriminação ou subordinação por razões de credos, política, sexo, raça, cor, ou qualquer forma de condição social, bem como será vedado à entidade, seus poderes e associados, de forma isolada ou coletiva, envolver-se direta ou indiretamente ou assumir posições de caráter ou segmento político-partidário, inclusive quanto a realizar ou permitir qualquer forma de propaganda ou doutrinas incompatíveis com as instituições e os interesses nacionais, que possam envolver ou vincular a entidade.

18.1.6 *Quanto à legalidade arrecadatória*

Que a entidade, em observância da sua natureza jurídica, função social e finalidades, promoverá sua arrecadação sempre em sintonia com o seu legal enquadramento tributário.

18.1.7 *Quanto aos serviços voluntários desde que assim determinado*

Que todos os cargos dos poderes eletivos da entidade são espontâneos, voluntários, gratuitos, honoríficos, e não cumulativos com possível vínculo empregatício da própria entidade, ou a esta vinculada quando for o caso, os quais não receberão remuneração, *jeton*, vantagens ou benefícios, direta ou indiretamente, por qualquer forma ou título, em razão do exercício das competências estatutárias que lhes sejam conferidas.

18.1.8 *Quanto a serviços profissionais*

Que, na consecução dos seus objetivos, a entidade manterá escrituração contábil regular nos preceitos técnico-científicos e da lei, e de forma regular ou por atos específicos de assistência jurídica, pericial, auditoria, dentre outras especialidades profissionais que se fizerem necessárias.

18.1.9 *Quanto à não responsabilidade por indenizações*

Que a entidade não fica sujeita nem se responsabiliza por qualquer condição de indenização, ônus, ou prejuízo, em relação aos seus associados, inclusive em caso de exclusão, e mesmo que em relação ao patrimônio, projetos e investimentos.

18.1.10 *Quanto à possível dissolução da entidade*

Que a entidade será necessariamente dissolvida por deliberação da própria entidade, no caso de:

I – constatada a impossibilidade de sua continuidade; ou
II – constatado o desvirtuamento de suas finalidades, e não imediatamente cabal e legalmente corrigido, devidamente reconhecido em Assembleia Geral.

Em caso de a entidade se dissolver, uma vez cumpridas as obrigações patrimoniais, e que não haja passivo a descoberto (déficit), necessariamente observadas as previsões e deliberações de ordem legal, quando existente, mediante deliberação do poder competente da entidade, o seu patrimônio será incorporado prioritariamente naquele da entidade na ordem a seguir descrita, descrevendo-as. Como exemplo, que tenha finalidades compatíveis com as da entidade em dissolução, e prioritariamente com sede no mesmo Município, ou ainda, e quando for o caso, à imediata entidade representativa de nível superior.

18.2 Disposições Especiais

Compreende particularidades atípicas, próprias de cada entidade. Todas as têm.

Sugere-se inserção em tópico específico, dada a relevância perante a entidade, inclusive mediante desmembramento, quando necessário.

Aqui o tema é tratado em tópicos individualizados, inclusive para discorrer especificamente sobre as referidas matérias.

18.2.1 *Fundadores (idealizadores)*

O tempo faz e deixa rastros históricos na entidade, e seus idealizadores, fundadores, sempre assim o serão, em todos os tempos.

Em princípio, não há que se confundir idealizadores ou fundadores com categoria específica de associados (ver item 11.1, parte dois, deste livro).

Aqui, como proposição, o assunto é trazido em destaque para formação estatutária, dada a relevância e a distinção, bem como para melhor identificação.

Simplesmente constar que foram os idealizadores e fundadores da entidade os seguintes associados (relacionando-os).

É importante constar o nome completo, bem como seguido de um documento de identificação pessoal, dada a possibilidade da coincidência de nomes.

18.2.2 *Pretensões e possibilidades de realizações*

Quando a entidade facultar, e/ou mesmo determinar, que sejam realizadas algumas das suas pretensões, uma vez constando no estatuto, quando realizadas, serão consideradas complementares deste. Motiva e dá sustentação ao seu Poder Executivo, às deliberações que se fizerem necessárias na sua realização. Hão de ser consideradas relevantes pela entidade. Por exemplo, que a entidade terá:

I – logomarca;
II – regimento interno;

III – regulamentação funcional de uso da sua sede; e
IV – formalizará sua filiação junto à entidade representativa pertinente (quando for o caso).

Também como exemplo, que a entidade poderá:

I – criar unidades descentralizadas no seu território de abrangência, para melhor cobertura de atendimento na sua proposta funcional; e
II – formalizar intercâmbios culturais e profissionais, nacionais ou internacionais, com a finalidade de promover integração, desenvolvimento e difusão dos seus propostos fins, inclusive intercâmbios profissionais com instituições de ensino para fins de integração com estudantes de áreas afins da entidade, quando for o caso.

Conveniente, no entanto, e propriamente para a melhor segurança jurídica da entidade, tornar expresso em ser vedado à entidade filiar-se ou manter relações com entidades ou organizações internacionais sem prévia e oficial autorização do poder máximo da entidade, na permissão da lei.

Quanto à formação de intercâmbios, estatutariamente convém entrar no mérito apenas na sua essência, ou seja, seu regramento fundamental, para dar consistência ao seu funcionamento. Exemplo: a realização de intercâmbio, integração, desenvolvimento profissional e/ou forma de convívio:

I – não cria, estabelece, vincula e/ou equipara às condições, prerrogativas e obrigações de associado decorrente de intercâmbio e/ou dessa forma de participação;
II – pode ser extinto inclusive de forma imediata, em qualquer tempo, integral ou parcialmente, por qualquer das partes; e
III – não torna a entidade concedente objeto sujeito de qualquer ônus, inclusive financeiro, bem como de qualquer tipo de indenização.

Seu detalhamento sugere relevante grau de dinâmica, sendo objeto de gestão, prioritariamente tendo seu regramento estabelecido em regimento interno, em regulamentação funcional de uso da sede e suas dependências, ou mesmo por deliberação da Diretoria Executiva, e necessariamente mediante formalização do ato entre as partes.

18.2.3 *Registro histórico*

Alguns fatos tornam-se marcantes na entidade e passam a fazer parte da sua própria identificação.

Inclusive pelo ato da constituição da entidade a exemplo do seu primeiro Diretor-Presidente, bem como a data da sua fundação e propriamente os seus instituidores, fundadores, quando não for tratado em outros tópicos específicos do estatuto.

Alguns desses fatos são de incidência frequente nas entidades, o que oportunamente se pode fazer constar nos seus estatutos. Exemplos:

I – primeiro Diretor-Presidente;
II – recebimento de honrarias;
III – reconhecimento de utilidade pública;
IV – reconhecimento público de filantropia;
V – alterações estatutárias;
VI – alteração na denominação social;
VII – alteração de endereço da sede;
VIII – aprovação de regimento interno;
IX – aprovação de regulamentação funcional da sede da entidade;
X – registro de marca; e
XI – filiação junto à entidade representativa, quando existente.

18.3 Disposições Transitórias

A entidade pode incidir em disposições transitórias, tanto na sua constituição quanto nas alterações estatutárias.

Refere-se a prazos, seja para viabilizar a efetiva entrada em vigor, alteração, ou mesmo extinção, de regras estabelecidas. Portanto, trata-se de situações temporárias, ou seja, de transição.

Possíveis incidências na constituição da entidade:

I – formação e vigência de direção provisória, com prazo estabelecido para a realização de eleições e posse dos eleitos, na forma do estatuto; e

II – dispensa da composição dos cargos suplentes, no primeiro mandato dos poderes eletivos da entidade, considerando o quadro inicial de associados ainda estar em quantidade insuficiente para a composição integral dos seus poderes, na pretensão e forma estatutária.

Exemplos para o caso de alterações estatutárias:

I – permanência da formação vigente dos poderes eletivos até nova eleição, momento em que sua composição será feita de acordo com a nova estrutura dos poderes, conforme estatuto vigente;

II – dilatação, ou fracionamento, dos mandatos vigentes, a coincidir com nova regra de vigência; e

III – restabelecer ordenação numérica das atas da Assembleia Geral para vigorar a partir da ata de aprovação do presente estatuto, em sintonia com o órgão próprio de registro.

Visa, portanto, a disciplinar o funcionamento sobre determinada disposição estatutária num expresso intervalo de tempo imediato da aprovação dos seus atos.

18.4 Disposições Finais

Algumas informações são próprias para constarem na parte final do estatuto, como desfecho do ato.

18.4.1 *Quantidade de vias do ato*

Também para dar consistência administrativa e jurídica à entidade, e propriamente ao órgão competente de registro dos atos, faz-se necessário informar a quantidade de vias do estatuto a serem emitidas como originais, para seu oficial registro e arquivamento. Ou, por outras formas ou meios, quando legalmente admitidos, tanto pela modernização do Estado quanto pela evolução tecnológica.

Notoriamente, o inteiro teor do ato também deve ser objeto de arquivamento e guarda junto ao órgão competente de registro.

Por parte da entidade, deve-se levar em conta que, assim como o estatuto será de uso interno, também o será de uso externo, a exemplo de identificação junto a bancos, órgãos públicos administrativos e judiciais.

Nesse sentido, inclusive para fins de arquivo de segurança, é conveniente que seja emitido em quantidade de vias suficientes para ficar de posse da entidade a quantidade de duas vias originais do inteiro teor do ato.

Compreende-se, no entanto, em princípio, uma vez constando em ata que o inteiro teor do estatuto é apresentado em três vias anexas, portanto vinculado à ata e propriamente fazendo parte dela, por exemplo, assim como a lista de presença, normalmente anexa, estaria dispensada a inserção do seu conteúdo na ata, estando, portanto, contemplada a permanência de uma via do inteiro teor do ato junto ao órgão próprio de registro, bem como a quantidade de vias necessárias para uso da entidade.

Ou ainda que, uma vez constando o inteiro teor do estatuto na ata da sua aprovação, também já estaria contemplado o seu inteiro teor para arquivamento e guarda junto ao órgão de registro, bem como para arquivo de segurança, guarda e utilização no ambiente interno da entidade. Nesse caso, somente se faria necessária uma via adicional do ato para uso da entidade, especialmente quando para uso no seu ambiente externo.

No entanto, a entidade deve estabelecer sintonia com o órgão próprio de registro, para atendimento de possíveis ordens legais pontuais por Unidade Federativa e certamente focadas na modernização, migrando para meios eletrônicos, o que de caráter geral se espera unidade nacional.

18.4.2 *Quando da alteração estatutária*

Nas alterações estatutárias, convém de alguma forma deixar expresso que ratificam as disposições que não contrariem o estatuto vigente e que se revogam aquelas em contrário.

Cabe a observação de que algumas deliberações da entidade são fundamentadas e propriamente não constam no estatuto, portanto realizadas mediante ato próprio e distinto deste.

Nesse sentido, mesmo que a alteração estatutária seja como instrumento consolidado, faz-se necessário entrar no mérito quanto a ratificações e revogações decorrentes de disposições não contidas no estatuto.

18.4.3 *Quanto ao foro para deliberações judiciais*

Ainda que facultativa sua definição, eleger um foro como local para deliberar sobre casos omissos ou dúvidas que surgirem relativos ao estatuto é importante especialmente quanto a fatores logísticos e a dispêndios, inclusive financeiros, em viabilizar o acesso ao Poder Judiciário por parte da entidade. Normalmente é estabelecido como sendo aquele da competência da sua sede. Também, deixar expresso que administrativamente serão dirigidos pelos poderes competentes da entidade.

Como exemplo, que os casos omissos ou dúvidas que surgirem relativos ao estatuto, serão dirimidos administrativamente pelos poderes competentes da entidade, e juridicamente pelo foro da comarca da sua sede.

18.4.4 *Local, data e entrada em vigor do ato*

É imprescindível constar o local e a data da aprovação do ato, para dar incontestável ciência da sua realização, bem como para a memorização do ato. Também entrar no mérito quanto à data da sua efetiva entrada em vigor, para a validação do seu teor, bem como para a validação dos atos dos seus poderes.

18.4.5 *Consistência e reconhecimento do teor estatutário*

Ainda que a entidade regida estatutariamente revista um vasto campo de autonomia quanto às suas regulamentações, necessariamente deve estar em sintonia com a lei vigente relativa à sua jurisdição, a qual, inclusive, faz revestir sua personificação. Também carece de estabelecer sintonia e alinhamento no contexto do próprio teor estatutário.

Diante do crivo de ordem legal ao arquivamento dos atos, a entidade se reveste de legalidade jurídica. No entanto, é a responsável pelos seus atos, o que vai além da observação da lei, portanto também quanto à sua estrutura organizacional administrativa.

Nesse sentido, cabe à própria entidade, por sua iniciativa e responsabilidade, ainda que mediante consultoria especializada, se investir na formação de adequada normatização para sua funcionalidade, visando a realizar as suas finalidades.

Quanto ao reconhecimento do teor estatutário, ainda que sua aprovação seja feita pelo poder competente da entidade, salvo na orientação da lei, inclusive para a transparência e a sua consistência, e prioritariamente constando em ata a ser assinada:

I – pelo Diretor-Presidente;

II – pelo Secretário da sessão da sua aprovação, por ter efetivamente participado do ato, redigindo a ata e/ou sendo o responsável pela sua redação; e

III – mediante reconhecimento jurídico quando na orientação da lei, ou por iniciativa da entidade, o que é aconselhável.

PARTE TRÊS

QUANTO A DEFINIÇÕES INFRAESTATUTÁRIAS

19
Considerações gerais

Servindo o estatuto social como guia estrutural da entidade, todas as deliberações que forem estabelecidas posteriormente devem estar em sintonia e não conflitantes com este e com a lei.

Como analogia, e uma vez observado o arcabouço jurídico pertinente, segue os mesmos ditames hierárquicos infraconstitucionais de Estado em relação à sua Carta Magna.

Portanto, quando da criação de disposições posteriores do estatuto, deve-se seguir a hierarquia das suas normatizações na sequência deste, sempre que existentes, ou seja:

I – estatuto social;
II – regimento interno;
III – regulamentações de uso da sede da entidade, dentre outras dependências, e mesmo de outros mecanismos administrativos, a exemplo de critérios de intercâmbios; e
IV – demais normatizações que forem criadas pelos seus poderes competentes, pela sua ordem hierárquica deliberativa de poder.

Para isso, basta, fundamentalmente, na criação de normatizações, identificar a sintonia das matérias e na sequência conforme acima mencionados, quando existentes. Especialmente quando os índices dessas normatizações estiverem formados dentro de uma metodologia adequada, fica extremamente fácil sua identificação. A própria memória dos membros dos seus poderes leva a essas percepções, ainda que seja para remeter à identificação dos atos.

Isso, inclusive, para dar clareza e consistência às disposições estabelecidas, e propriamente a evitar repetições, pois trata-se de normatizações complementares, por serem criadas por força estatutária, ou ordinárias, e propriamente assessórias, do estatuto.

Obviamente, no que couber, o poder competente da entidade, especialmente a Assembleia Geral, na forma do estatuto, pode deliberar sobre alterações, inclusões e exclusões das disposições estabelecidas.

20
Regimento interno

Visa o regimento interno a firmar critérios para a boa convivência, harmonia, funcionamento, aprimoramento, preservando o seu patrimônio moral, material e propriamente para a isonomia deliberativa da entidade.

Portanto, ainda que mediante particularidades ou exclusividades por alguma das partes integrantes, a exemplo dos associados, e propriamente quanto à realização das eleições, em princípio, referem-se a todos os usuários internos da entidade, inclusive seus colaboradores contratados.

A própria nomenclatura *regimento interno*, por si só, já diz tratar-se de regime quanto ao âmbito interno da entidade. Naturalmente, é compreendido quanto ao seu ambiente de interação e convívio.

Essas particularidades dão sentido ao teor cabível do regimento interno. E torna evidente sua distinção em relação ao teor estatutário, o qual, em princípio, trata das questões institucionais da entidade, dos seus associados, instituidores, fundadores, das suas diretrizes fundamentais.

Como conceito e conteúdo, estatuto e regimento são diferentes.

Em princípio, torna-se perceptível matéria que destoe de ser inserida em regimento interno. E, como principal justificativa, enquanto o estatuto é objeto de registro no órgão próprio, no regimento interno, ao menos na entidade associativa, o registro é opcional, assim como é opcional sua criação.

Portanto, no que diz respeito à entidade e também diretamente aos seus usuários externos, especialmente do setor público, compreende-se como matéria institucional, fundamental, portanto estatutária. O que for exclusivamente de caráter interno da entidade, em princípio, compreende-se como regimental.

A própria necessidade ou não de regimento interno se determina em análise ao contexto da entidade. E propriamente quanto ao alcance do seu teor estatutário. Também pode o estatuto determinar sua criação.

Em especial, quanto a destaques, benefícios e expectativas, sugere-se cautela quanto ao estabelecimento regimental, para que, uma vez criados, possibilitem sua continuidade e realização.

Trata-se de matérias, em tese, mais próximas do sim e do não quanto à sua necessidade, ou coerência, de aplicação. Também é mais sujeito a questionamentos, conveniências, interesses, contradições, inclusões, modificações, adequações e propriamente supressões.

Como analogia, mediante adequado regimento interno é possível se imaginar um bom funcionamento dos tribunais, dos parlamentos e do Poder Executivo, por exemplo.

Regimento interno é imprescindível nas entidades mistas e nas autarquias. Pode tornar-se conveniente, ou necessário, naquelas exclusivamente privadas.

20.1 Titulação e identificação

Uma vez identificado como regimento interno e, em princípio, sendo opcional de registro junto ao órgão próprio, quando a entidade optar simplesmente pela aprovação em Assembleia Geral, a identificação da entidade no seu conteúdo pode ser simplificada, a exemplo do nome e da inscrição cadastral federal, dispensando maiores formalidades.

No entanto, de alguma forma descrita, é importante constar que a finalidade e o caráter do regimento interno consistem em disciplinar os procedimentos administrativos, sociais e operacionais, em especial na preservação do patrimônio da entidade, inclusive moral, consideração e dignidade dos associados, membros dos seus poderes e demais integrantes, bem como ser de aplicação única e exclusivamente no ambiente interno, de interação, da entidade, gerido pelos seus poderes competentes, prevalecendo as disposições da lei, do estatuto e do regimento interno, nessa ordem.

Obviamente, constando na parte final do regimento interno:

I – a identificação do local e da data da sua aprovação;

II – a quantidade de vias em que é emitido o regimento (sendo conveniente a permanência de duas vias na entidade); e

III – assinatura, ao menos do Diretor-Presidente, e prioritariamente também do Secretário da Assembleia Geral de sua aprovação.

É conveniente, no entanto, levar para registro a ata da sua aprovação. Assim como é aconselhável levar para registro todas as atas das assembleias gerais.

20.2 Estrutura sumária

Em princípio, cada entidade forma a estrutura sumária do seu regimento interno em relação às matérias de que efetivamente venha a tratar.

No entanto, naquelas associativas, normalmente, o maior contexto das matérias sinaliza conotação direta com os tópicos relativos à estrutura sumária do estatuto.

Nesse sentido, como alternativa, e uma vez diante de uma consistente estrutura sumária do estatuto, utilizar a mesma estrutura na elaboração do regimento. Nessa proposta metodológica, insere-se matéria somente nos tópicos pertinentes, bem como se adicionam os tópicos que se fizerem necessários, como complemento.

Isso leva a facilitar a identificação das matérias, dada sua correlação e complementação. Também para evitar repetições, bem como mais facilmente estabelecer sintonia e adequada hierarquia na criação das normatizações.

Ainda, no momento das pesquisas para fins de identificação das normas vigentes, encontrar o que não está previsto no estatuto em tópico pertinente do regimento interno, e vice-versa.

Em sendo utilizada a mesma estrutura sumária do estatuto, para sua diferenciação, e também como alternativa metodológica, é interessante que se refira ao tópico sumário do estatuto. Como exemplo, o que no estatuto se trata por *associados*, no regimento se tratar por *quanto aos associados*. Isso deixa a ideia de teor quanto a tópico de assunto já tratado.

20.3 Uma alternativa sumária

Nessa proposta metodológica, convém deixar expresso que o sumário, mediante sequência de artigos próprios do regimento, compreende toda a estrutura sumária do estatuto social, sendo utilizados os tópicos no que couberem, bem como inseridos tópicos em seu complemento no que se fizer necessário.

Capítulo I
Quanto a Denominação, Natureza, Duração, Abrangência, Finalidade, Sede e Foro

Capítulo II
Quanto a Missão, Visão, Função Social, Princípios e Propósitos

Capítulo III
Quanto aos Associados

SEÇÃO I
QUANTO À CATEGORIA DE ASSOCIADOS
SEÇÃO II
QUANTO À ADMISSÃO DE ASSOCIADOS
SEÇÃO III
QUANTO ÀS PRERROGATIVAS DOS ASSOCIADOS
SEÇÃO IV
QUANTO ÀS OBRIGAÇÕES DOS ASSOCIADOS
SEÇÃO V
QUANTO AO DESLIGAMENTO E ÀS SANÇÕES DOS ASSOCIADOS

Capítulo IV
Quanto aos Poderes, Mandatos e Funcionamento

SEÇÃO I
QUANTO À ASSEMBLEIA GERAL
SEÇÃO II
QUANTO AO CONSELHO DELIBERATIVO
SEÇÃO III
QUANTO À DIRETORIA EXECUTIVA
SEÇÃO IV
QUANTO AO CONSELHO FISCAL

Capítulo V
Quanto às Eleições

SEÇÃO I
QUANTO ÀS DISPOSIÇÕES GERAIS DAS ELEIÇÕES
SEÇÃO II
QUANTO À POSSE
SESSÃO III
QUANTO À PERDA DO MANDATO

Capítulo VI
Quanto ao Patrimônio

SEÇÃO I
QUANTO À NATUREZA DAS FONTES DE RECURSOS
SEÇÃO II
QUANTO ÀS DESPESAS

Capítulo VII
Quanto ao Regime Financeiro, Livros Fiscais e Contábeis

Capítulo VIII
Quanto aos Departamentos, Setores, Comitês e Comissões

Capítulo IX
Quanto aos Títulos Honoríficos

Capítulo X
Quanto às Disposições Gerais, Especiais, Transitórias e Finais

SEÇÃO I
QUANTO ÀS DISPOSIÇÕES GERAIS
SEÇÃO II
QUANTO ÀS DISPOSIÇÕES ESPECIAIS
SEÇÃO III
QUANTO ÀS DISPOSIÇÕES TRANSITÓRIAS
SEÇÃO IV
QUANTO ÀS DISPOSIÇÕES FINAIS

20.4 Matérias pertinentes de regimento interno

Ainda que inúmeras matérias normalmente sejam utilizadas em regimento interno, cada entidade reveste-se com suas particularidades. Portanto, sujeita a situações próprias.

Nesse sentido, segue rol de alguns temas cabíveis de serem tratados em regimento interno, de acordo com a função social, finalidades e necessidades da entidade, no que couber, ou julgar conveniente:

I – divulgação quanto a missão, visão, função social, princípios e propósitos;

II – divulgação adequada quanto às demais normas da entidade, inclusive objetivos, metas e orçamentos;

III – formação de cultura em atuar com planejamento estratégico e seu monitoramento;

IV – condições genéricas, e especiais quando for o caso, de participação e atuação na entidade por parte dos seus integrantes;

V – frequência e participação de pessoas das relações dos associados e demais colaboradores, inclusive familiares, na sede da entidade;

VI – locais de realização das assembleias;

VII – critério quanto a registro de atas das assembleias;

VIII – dispositivos visuais da entidade;

IX – cultivo de padrões morais, sociais e culturais nas atividades festivas, desportivas e recreativas;

X – criação de critérios disciplinares;

XI – critérios complementares quanto à readmissão de associados;

XII – critérios complementares quanto a afastamentos e retornos de membros eleitos;

XIII – motivação ao associativismo;

XIV – formação de cultura em colaboração durante período mínimo, pela Diretoria Executiva vigente, quando na transição de gestão;

XV – criação, estrutura, composição, funcionamento, finalidades e orçamentos de setores, departamentos, comitês, comissões e similares;

XVI – critérios formais quanto a recebimento de doações;

XVII – quanto a contratações de apoio administrativo, inclusive quanto a projetos na captação de recursos;

XVIII – contribuições periódicas dos associados;

XIX – critério de cobrança das obrigações financeiras dos associados;

XX – realização de inventário do patrimônio para fins de balanço contábil;

XXI – critérios quanto à prestação de contas e relatório anual de atividades, inclusive quanto aos objetivos e metas estabelecidos;

XXII – balanço social;

XXIII – recursos, inclusive materiais e humanos, na realização das eleições;

XXIV – critérios complementares das eleições;

XXV – momento e critério de posse;

XXVI – marketing e publicidade;

XXVII – quanto a convênios;

XXVIII – critérios de filiações;

XXIX – criação ou regramento na formalização de intercâmbios;

XXX – uso e responsabilidade quanto aos recursos de comunicação da entidade;

XXXI – critério e controle na utilização de veículos da entidade, ou a serviço dela;

XXXII – quanto à instauração de processos administrativos;

XXXIII – quanto a registro de marcas, patentes e logomarcas;

XXXIV – critérios e formas de honrarias, homenagens, e quanto ao ato de sua concessão;

XXXV – controle de honrarias concedidas e recebidas pela entidade;

XXXVI – arquivo específico de controle histórico, individual de seus integrantes, inclusive quanto a funções, homenagens, certificações, regularidades financeiras, cadastrais e funcionais, bem como de possíveis sanções;

XXXVII – histórico fotográfico dos Diretores-Presidentes – Galeria dos ex-Presidentes;

XXXVIII – tempo mínimo de atuação como Diretor-Presidente, quando substituto, para o mérito histórico de constar na galeria de ex-Presidentes;

XXXIX – emissão e circulação de periódicos e publicações;

XL – definição de eventos periódicos;

XLI – joias na admissão de associados;

XLII – restituição, ou não, de joias pagas, no caso de desligamento de associados;

XLIII – possibilidade de instalação, ou concessão de uso, quanto a funcionamento de bar e conveniências nas dependências de sua sede, inclusive quanto à formalização de contrato, e no que tange a requisitos funcionais e obrigacionais de ordem legal;

XLIV – critérios quanto a empréstimos a serem contraídos pela entidade; e

XLV – quanto à guarda de livros e documentos, e formas possíveis de sua utilização.

21
Regulamentação de uso

Compreende regulamentar o uso das mais diversas dependências, atividades e estruturas da entidade, como: sede da entidade; salão social; auditórios; piscinas; quadras de esportes, lazer, estudo, concentrações e devoções; conveniências de alimentação e bebida; e centrais de compras.

Trata-se de matéria a ser preterida dos atos constitutivos, e propriamente do regimento interno. Portanto, serve prioritariamente para ser instrumento próprio de regulamentação de uso, o que muitas vezes se torna conveniente, e até mesmo necessário de regulamentação. Diz respeito a temas ainda mais suscetíveis de adaptações e modificações, daqueles de regimento interno.

Quanto à competência de aprovação, inicialmente, por envolver a todos os integrantes da entidade, e mesmo pessoas alheias do seu ambiente interno, ao cumprimento de regras, conveniente seja por deliberação da Assembleia Geral. No entanto, dada a logística da entidade, a referida competência pode ser atribuída à Diretoria Executiva, estatutariamente, que, não constando, naturalmente cabe ao Diretor-Presidente.

Segue rol quanto a temas passíveis de serem convenientemente tratados em regulamentação de uso:

I – datas, horários e formas de utilização e funcionamento;

II – critérios quanto ao zelo na conservação, higiene e limpeza;

III – possibilidades, prioridades ou exclusividades de uso;

IV – critérios quanto à aquisição de bebidas, alimentos e materiais de preparo da alimentação;

V – locação;

VI – adaptações, instalações, montagens e desmontagens, de ambientes e instalações;

VII – impedimentos de modificações quanto à estética do ambiente, a exemplo de perfurações, afixação de objetos em pisos, paredes, dentre outras partes da obra;

VIII – impedimento da utilização de produtos desautorizados pela entidade, ou pela lei;

IX – mecanismos, produtos e materiais de segurança, higiene e limpeza;

X – disponibilização ou providência de equipamentos específicos à natureza do evento;

XI – cuidados quanto a alarmes, janelas, portas, frízeres, condicionadores, luzes, chaves, aparelhos, materiais e equipamentos recebidos, dentre outros, tanto na abertura quanto no funcionamento e no encerramento dos eventos;

XII – responsabilidades, a exemplo de trabalhistas, tributárias, previdenciárias, periciais, criminais, judiciais, seguros e multas, nas concessões de uso;

XIII – vedações a exemplo da prática de jogos a dinheiro, ilícitos;

XIV – autorizações especiais, a exemplo da segurança pública e sanitária;

XV – contribuições ou doações para custeio, manutenção e funcionamento na viabilização de uso;

XVI – limitações, a exemplo de lotação de ambientes, inclusive quanto a fornecimento e controle de ingressos, de sonorização e horários especiais de funcionamento;

XVII – responsabilidade quanto ao estacionamento, inclusive por danificações, furtos e roubos de veículos, objetos e materiais;

XVIII – critérios para acesso em piscinas;

XIX – ordem e respeito;

XX – forma e competências para concessão de autorizações;

XXI – forma de autorização simplificada para situações pouco complexas de realização;

XXII – formalizações especiais, a exemplo de contratos, para autorização de atividades consideradas complexas;

XXIII – requisitos para concessões especiais, a exemplo de serem permanentes;

XXIV – forma de pagamentos, antecipações, cauções...;

XXV – critérios na garantia de pagamentos quanto a suprimentos, recomposições, reparações, onerações de qualquer natureza, inclusive por danos materiais, morais e físicos, causados contra a entidade, ou contra terceiros;

XXVI – multas na incidência de descumprimento de acordos;

XXVII – termos de responsabilidades;

XXVIII – documentação específica de controle;

XXIX – formalização e controle de intercâmbios;

XXX – critérios cadastrais; e

XXXI – prazo para entrega e disponibilização dos ambientes e outros recursos de uso vinculados ao crivo e ao reconhecimento mediante vistoria feita pela entidade.

EPÍLOGO

O alcance dos propósitos da entidade é que justifica a realização da sua missão, a qual justifica o exercício da sua função social, justifica a persistência na visão estabelecida e justifica o seguimento dos princípios que forem determinados.

E tudo isso justifica a constituição e a continuidade da entidade, que parte de um desafio idealizador, fundamentado em consistente estudo de viabilidade, estabelecendo, por meio do planejamento estratégico estrutural:

I – propósito ou propósitos a serem alcançados;
II – missão a ser realizada;
III – função social a ser exercida;
IV – visão, como estágio evolutivo alvejado, na realização da missão; e
V – princípios a serem seguidos para o sucesso do desafio estabelecido.

Nesse sentido, e como hipótese ilustrativa, certamente, em nações democráticas e aqui referindo o Brasil, de alguma forma, se compreender como conveniente tendo como:

MISSÃO – Proteger a soberania nacional.

VISÃO – Reconhecimento internacional em promoção humanitária de oportunidades.

FUNÇÃO SOCIAL – Legislar, governar e arbitrar, em seu território, em regime democrático.

PRINCÍPIOS – Respeito, segurança, liberdade, igualdade, cidadania, dignidade, pluralismo político e religioso.

PROPÓSITOS – "Ordem e Progresso".

A entidade jurídica se constitui na visão e determinação dos seus instituidores e fundadores. Destina-se pelas deliberações dos seus poderes vigentes, na permissão da lei.

Planejamento monitorado é a arma da gestão. Ação, sua vitalidade.

Impressão:
Evangraf
Rua Waldomiro Schapke, 77 - POA/RS
Fone: (51) 3336.2466 - (51) 3336.0422
E-mail: evangraf.adm@terra.com.br